模 型 与 建 模
——中学生物学模型教育

左开俊 著

苏州大学出版社

图书在版编目（CIP）数据

模型与建模：中学生物学模型教育 / 左开俊著. --苏州：苏州大学出版社，2023.8
ISBN 978-7-5672-4440-5

Ⅰ.①模… Ⅱ.①左… Ⅲ.①生物课-教学研究-中学 Ⅳ.①G633.912

中国国家版本馆 CIP 数据核字（2023）第 111891 号

书　　名：	模型与建模——中学生物学模型教育
著　　者：	左开俊
责任编辑：	刘一霖
助理编辑：	王晓磊
装帧设计：	吴　钰
出版发行：	苏州大学出版社（Soochow University Press）
社　　址：	苏州市十梓街1号　邮编：215006
印　　刷：	广东虎彩云印刷有限公司
邮购热线：	0512-67480030
销售热线：	0512-67481020
开　　本：	700 mm×1 000 mm　1/16　印张：12.75　字数：178千
版　　次：	2023年8月第1版
印　　次：	2023年8月第1次印刷
书　　号：	ISBN 978-7-5672-4440-5
定　　价：	46.00元

图书若有印装错误，本社负责调换
苏州大学出版社营销部　电话：0512-67481020
苏州大学出版社网址　http://www.sudapress.com
苏州大学出版社邮箱　sdcbs@suda.edu.cn

序言 Foreword

沉潜飞扬：生物学建模教学的逻辑深耕

一名教师如果长期、持续性地思考一个问题，往往会对这个方向的教学研究有自己的独到见解与现实做法，这是观察、思维与行动的沉潜；这位教师在思考的过程中，又不断地产出此方向的教学研究成果，这则是逻辑"深耕"后的向光生长与自我飞扬。所谓在繁杂、鼓噪的教育田野中能做到"微末凡尘、心向天空"，大抵都需要经历向下沉潜与向上飞扬的过程吧！苏州左开俊老师正是在生物学建模教学研究中上下求索，"中学生物学模型与建模"等系列成果相继问世，体现其对于生物学建模教学的逻辑通达与实践深耕。时至深冬夜晚，看着《模型与建模——中学生物学模型教育》这一即将付梓之作，脑海中倒也勾勒出我记忆中的左老师，以及我思索中的生物学建模教学。

2019年的生物学教育70年高峰论坛上，我受《中学生物教学》编辑部之邀主持圆桌论坛，也是在那次会议上真正见到了左老师（之前已各有一次网络见面与文字沟通）。当时的他告诉我，他一直在研究生物学教育中的建模教学。听闻此消息后，我自己嘟囔感叹了一句："建模教学研究切合素养发展要求，但这条路不好走呀！"作为几本生物学教育期刊外审专家的我，当时能够想到的是因响应科学思维核心素养的育人目标，国内生物学建模教学研究逐步兴起，但真正形成系统且具有深层次见解的研究成果当时并不多见，这里面必然存在着一些难以解决的症结。后来，山东有两位正高级生物学教师开始研究建模教学。在他们向我询问了相关问题后，我才去进一步思考何为生物学建模教学，以及其在实践推进中的应然样态。

生物学教育中的建模既是一种生物学实践教学的基本课型，也是一类关于生物学模型与建模的教学内容，更是一种关乎生命科学现象、解释及规律"模型化"的素养目标。如果在教育学中找一个词来概括性描述生物学教育中的建模的话，那这个词非"课程"莫属。"课程"一词具备"经验""计划""素养""文化"等多重含义，生物学建模的课程内容中同样也可以体现这些基本内涵。正是在查阅了大量中西方文献后，我才愈发感到生物学建模教学难以保真、创新地推进。然而，以左老师为代表的生物学建模教学实践的推进者们，却以自身独特的理解，自下而上、反向拆解与建构生物学建模教学的本土化蓝图。以《模型与建模——中学生物学模型教育》这本书为例，其并非线索铺陈式介绍生物学建模教学，而是在案例的深入阐释、价值的延伸思考中，不断拆解、明晰生物学教育中建模的素养意蕴。具体而言，这本书在如下三个方面进行了前瞻性的实践探索。

首先，此书吸纳多元教学法进行生物学建模教学，充盈了建模教学方法论的课堂案例。生物学建模教学能够采用异质性的教学方法，如何做到更加真实、多元化地传递？书中尝试性地结合了情境教学、支架式教学、主线教学、论证式教学等多种方式，融通了中西方各类教学方法，进而为实践教学生物学建模课提供了依据。其次，此书在深化生物学建模教学的育人功能方面，丰富了建模教学价值论的别样视角——生物学建模教学具有何种育人价值，应当如何深度开发与转化？书中在深度反思与梳理案例后，为读者提供了建模教学可以达成的关乎学生必备品格与关键能力的培养指导目标。最后，此书在进行生物学建模教学的同时，也传达和表述着建模义理，提供了建模教学本体论的实践解读。全书并未看到表述何为生物学建模教学的长篇大论，却在作者的案例记述、澄清与洞察中点滴流淌着一种已经被内化了的"建模素养"。总而言之，方法论—价值论—本体论的逆向思考投射着作者深厚的实践根基，进而构建了关于生物学建模教学的"自我模型"。

本书虽没有给出生物学建模教学的全景图，但管中窥豹、可见一斑，书中提供了作者自身关于生物学建模教学的"尝试"性做法与"点面结合"式思考，这对于同行的实践研究必然具有很大参考价值。纵观全书，着实让人感慨左老师的兢兢业业，以及他多年如一日对生物学建模教学的深入实践与系统反思。我对这本书的出版表示由衷的祝贺！引用华特·迪士尼曾说过的一句话：迪士尼乐园没有建成的那一天，只要还有想象的余地，迪士尼就会一直扩大。生物学建模教学的研究又何尝不是如此。让我们继续期待生物学建模教学研究未来绽放出更美的花朵与结出更多的硕果。

2022 年 11 月 25 日于长春
(《中小学班主任》期刊特约编审、
《中学生物教学》编辑部通讯员)

目录 Contents

主题一 生物学模型概述   1

第一章 模型的本质与内涵 / 3
    第一节 模型的本质 / 3
    第二节 模型的内涵 / 6

第二章 模型类型的综述 / 9
    第一节 模型的类型 / 9
    第二节 概念模型 / 12
    第三节 物理模型 / 19
    第四节 数学模型 / 23

第三章 建模式教学综述 / 38
    第一节 模型的功能 / 38
    第二节 模型构建的心理学分析 / 41
    第三节 建模中的观察与思维能力 / 44
    第四节 建模的实践价值 / 46

主题二 生物学模型构建教学   51

第一章 建模式教学的理论基础 / 53
    第一节 建模式教学的哲学基础 / 53
    第二节 建模式教学的心理学基础 / 57

第二章 建模式教学的实践 / 67
    第一节 建模式教学的实践基础 / 67
    第二节 建模式教学的实践调查 / 71
    第三节 建模式教学的实践调查结果与总结 / 86

第三章 生物学模型构建教学的实践路径 / 89
    第一节 序列向度：创设教学范式寻深化 / 89

第二节　落地路径：创建教学基地找支撑 / 91
第四章　建模式教学的常见模式综述 / 96
第一节　基于模型构建的探究式教学研究 / 96
第二节　基于模型构建的情境式教学研究 / 104
第三节　基于模型构建的支架式教学研究 / 113
第四节　基于模型构建的主线式教学研究 / 123
第五节　基于模型构建的活动教学法研究 / 132
第六节　基于模型构建的变式教学研究 / 141
第七节　基于模型构建的论证式教学研究 / 149
第八节　基于模型构建的情景体验式教学研究 / 160

主题三　生物学模型构建教学中孕育的本真教育　169

第一章　模型与建模思维的培育维度 / 171
第一节　模型与建模思维培育的整体思路 / 171
第二节　尊重事实和证据，培育解决实际问题的能力 / 172
第三节　渗透质疑和反思，培育学生批判性思维能力 / 175
第四节　凸显实践和探索，培育学生的科学创新能力 / 177

第二章　生物模型构建跨学科思维培育的实践 / 180
第一节　深入浅出简单直观，思维创造能力培养 / 180
第二节　概念铺展树立观念，辨识比对去伪存真 / 182
第三节　融会贯通推理探究，他山之石可以攻玉 / 184
第四节　交集有序寻觅共性，团结合作共同发展 / 186
第五节　情境体验探寻发现，具身认知觅求真知 / 189
第六节　跨学科建模思维涵育的反思 / 190

参考文献　193

后记　196

主题一
生物学模型概述

【一种观点】从模型"简化"的内涵特征思辨，模型并不代表真实世界的全部，它只凝练了原型的运动性、规律性，甚至精神性等组成元素。可见，模型的简化只是一种对现实世界本真的表达形式——大道无形。科学赋予的模型的本真是一种简约的姿态，但凸显的却是一种内容的深度与温度，浸润的更是一种立足天地间的根本。用意识去驱动模型，获取的就是一份真知识、真思维、真道理。

第一章 模型的本质与内涵

【概述】模型是与真实物体、单一事件或一类事物相对应的，且具有解释力的试探性体系或结构。我国中学生物学领域对模型的最初认知还是来自朱正威先生提出的模型观点，即模型是人们为了某种特定目的而对认识对象所做的一种简化的概括性描述。

第一节 模型的本质

对于模型这一概念，有学者提出模型是一种观点、一个实物、一个事件、一个概念、一个过程或者一个系统的表征。邱美虹则从本体论、认识论和方法论三个角度对模型进行了界定：从本体论的角度来讲，模型有一个核心含义，即模型代表在某些情况下的另一种形式的表征；从认识论的角度来讲，模型是思考与科学的产物，也是教学与学习的主要工具；从方法论的角度来讲，模型具有七大功能。目前，科学教育文献还指出，有人将模型定义为一种模拟原型的形式，即广义上将这种形式称为"教具"。其实，现实教育中，教具是教师用来演示和让学生记住已知内容的外部表征，用来向学生解释知识的工具。将模型等同于教具这种论调是片面的。教具充其量只是图表等形式的内容表示，是教学目标的显性表现化形式。模型却是人们为了某种特定目的而对认识对象所做的一种简化的概括性描述，它蕴藏着对各种对象和系统结构的表征。

世界中的各种生命现象都是由多个实体（如原子、分子、细胞、生物体等）以复杂的方式相互作用而构成的。科学家通过观察、搜集、组织、分析等科学手段将这些相互作用产生的信息交互整合，然后以模型的方式量化、表达等。所以从属性上来看，模型其实可以说是一种工具，它简化了现实世界中物物之间的关联，并以一种有意义的探究方式与真实的世界相互沟通。模型领域知名学者伊顿（Eaton）就认为：模型是对真实世界中某些关系或过程的简化、抽象化或是有形的表达。从模型"简化"的内涵特征思辨，模型并不代表真实世界的全部，它只凝练了原型的运动性、规律性甚至精神性等组成元素。可见，模型的简化只是一种对现实世界本真的表达形式——大道无形。科学赋予的模型的本真是一种简约的姿态，但凸显的却是一种内容的深度与温度，浸润的更是一种立足天地间的根本。用意识去驱动模型，获取的就是一份真知识、真思维、真道理。

世界上很多国家应用模型作为工具进行科学教学。早在19世纪中期，英国就将模型应用于课堂教学中；19世纪中后期，美国和日本也陆续将模型引入课堂教学中。很多教育者都大力提倡模型教学。美国有学者认为：学生通过构建模型、分析模型、验证模型、应用模型，可以加深对科学过程和科学教学目的的理解。他们的研究主要关注模型的基本理论、模型的教学方法和教师自身的模型专业知识方面的成长。在生物学科，模型构建教学的研究不多，根据切入点的不同，划分为以下三个方面。

第一种是基于模型功能的研究，该研究领域以斯沃博达（Svoboda）和帕斯莫尔（Passmore）为代表。他们在大学生物课堂中进行实践研究，发现在生物学教学中使用模型构建教学，应该基于模型不同的功能展开教学，才能达到教学目标。

第二种是基于物理模型构建理论开展生物学模型构建教学的研究，以伯尔（Brewe）和曼泰（Manthey）为代表。他们在现有的物理模型教学理论上进行修改，提出"具体模型—基本模型—理论结构"的教学模式,并在大学生物课堂进行实践教学,发现该教学模式对于促进学生理解生物学知识是有效的。

第三种是利用计算机软件开展模型构建教学的研究。该研究的理论基础是美籍奥地利生物学家贝塔朗菲(Bertalanffy)所提出的"一般系统论",即生物学中小到细胞,大到生物圈,都是复杂、开放、动态的"系统"。为了理解这些"系统",研究一般采用建立模型的方法。而一般的模型构建对动态性的系统(如生态学知识)反应特性较差。因此,福莱斯特(Forrester)提出运用计算机构建动态模型,帮助人们理解复杂的生物系统。现用于生物学模型构建教学的计算机软件有许多,如 Model-it、IQON 等。针对不同年级的学生,教师有不同的选择。

而对于科学模型的界定,孙小礼在《模型——现代科学的核心方法》中提到,科学模型可按照科学研究的特定目的,在一定的假设条件下,用物质形式或思维形式再现原型客体的某种本质特征,如关于客体的某种结构(整体的或部分的)、功能、属性、关系、过程等。研究者通过对这种科学模型的研究,来推知客体的某种性质或规律。威斯康星大学教育研究中心的研究者总结了科学模型的以下特征:

第一,一个科学模型是描述某一自然过程的一组观点。

第二,模型由经验的或理论的客体以及这些客体所参与的过程构成。

第三,模型可以用来解释和预测自然现象。

第四,模型一贯以实证、概念化的标准来评价。

第五,模型可以引导未来的研究。

所谓模型方法,就是把研究对象(原型)的一些次要的细节、非本质的联系舍去,从而以简化和理想化的形式去再现原型的各种复杂结构、功能和联系,以此获取对原型认识的一种科学方法。模型方法作为一种现代科学认识手段和思维方法,所提供的观念和印象,不仅是人们获取知识的条件，而且是人们认知结构的重要组成部分，是逻辑方法的一种特有形式。由于人类面对着一个无限广阔和无限丰富的客观世界，其中能够直接用于实验研究观察的客体只占少数，大多数对象需要采用间接研究的方法，此时，认识的超越就要依靠一种抽象化的、能够分开主体和客体的一般意义上的中介，这就是模型。

建立模型，可以帮助人们理解他们无法直接观察到的事物。所以，模型方法已经成为现代科学思维的重要方法之一，甚至有人认为模型方法是现代科学方法的核心。因此，模型及模型方法在学校自然科学日常教学中有着广泛的应用价值和意义。在某种意义上，理解模型和进行模型构建活动是学生理解生物学的一把钥匙。课程标准及教材中模型的大量出现，意味着建立模型在新课标教材中被提升到较高的高度。它不但被列为一项技能目标，而且被作为学生必备的生物学科学素养，是学生理解生物学知识的重要渠道。

第二节　模型的内涵

美国教育司在《国家科学教育标准》中提出：模型是与真实物体、单一事件或一类事物相对应的，且具有解释力的试探性体系或结构。我国中学生物学领域，对模型的最初认知还是来自朱正威先生的模型观点，即模型是人们为了某种特定目的而对认识对象所做的一种简化的、概括性的描述。还有学者认为模型是不断运动的、发展的，其并不是一成不变的。整理各类对模型的陈述，归纳各种对模型的概括，发现模型的内涵大致具有以下七大特征。

第一，主观性。

模型是人们根据自己的主观意识构建的，可以用来表达个人观点。甚至不同的人基于同样的目的表征同一对象，其表征的模型也常常存在差异。

第二，目的性。

模型是为了某种目的而存在的，目的不同，模型的表征就可能不同。并且随着空间的变化、时间的推移，模型表达的目的也会随之发生改变。这就是说，模型表达的目的并不是一成不变的，即使是同一个表征对象，基于不同的目的也可以表征出不同的模型。例如，在表征呼吸系统时，你可以表征肺的外部形态结构模型，也可以表征肺进出气的呼吸过程，甚至可以表征肺的运动模型等。

第三，发展性。

随着科学技术的不断升级、科学知识的不断发展，在新科技时代背景下，模型的表征会旧貌换新颜，也必定会融入时代元素，发展出新知，呈现与时俱进的发展性，例如生物膜流动镶嵌模型的发展历程。

第四，功能多样性。

对于模型功能的描述，有解释、预测和提供参考标准等。首先，对于所表征的事物而言，模型可以描述那些抽象的结构、运动的行为、变幻的事件等。其次，模型可以解释原理、预测趋势，同时还可以用来表达个人观点、作为参考依据、进行原因陈述等。

第五，非完全复制性。

模型是一种简化的、只有概括性的"物件"，并非对表征对象一比一地还原。基于不同的表征目的，对对象的表征描述的重点也不相同，如表征目的是结构和形态，那么就可以使对象放大或者缩小，可以忽略一些无关紧要的细节，突出重点和目的。基于表征过程的目的，可以只关注主要过程，不注重结构形态问题，不需要完全还原表征对象，否则会使模型复杂化。

第六，表征对象的多样性。

表征对象的多样性特指可以借助模型来表征多种对象。可以用模型来表征真实物体，如细胞核的结构、流动镶嵌模型等；可以用模型来表征事件，如酵母菌种群数量的变化、群落的演替等；可以用模型来表征系统,如设计并制作小生态瓶,观察生态系统的稳定性等;可以用模型表征某一过程,如光合作用的光反应、暗反应等;可以用模型表征物体或事件间的关系,如人体内人类免疫缺陷病毒(HIV)的数目与人体内T淋巴细胞数目的关系。

第七,表征方式的多样性。

表征方式的多样性特指可以借助模型来表征多种方式。例如,借助模型来表征的方式有实物、语言、视觉、数学、物理、类比、动作等方式。

综上所述,高中生物学教材除了运用语言来阐述生命现象和生命活动,也经常使用模型表征生命现象和生命活动,所以模型已经成为高中生物学教材的重要组成部分,这也奠定了模型教育的未来。

第二章 模型类型的综述

【概述】模型是人们为了某种特定目的而对认识对象所做的一种简化的、概括性的描述。这种描述可以是定性的，也可以是定量的。有的借助具体的实物或其他形象化的手段，有的则通过抽象的形式来表达。模型的形式很多，包括物理模型、概念模型、数学模型等。

第一节 模型的类型

模型的类型是模型研究与模型应用的基础。将模型归纳为不同类型，可以让使用者基于不同模型的关联性、交互性和特异性，依据自身所处的真实情境，有目的、有方向地进行选择和构建。

一、国内外模型分类情况简介

对于模型类型的划分，纵观国内外模型的研究者，他们在给模型的类型进行划分的标准上，都给出了自己的分类标准。下面列举了一些有代表性的模型分类模式，见表1-2-1。

表 1-2-1 国内外对模型类型分类的一些观点

年份	代表性人物	分类观点
1990 年	张琼	物理、数学
1991 年	昂格（Unger）和杰（Jay）	物质、抽象、数学方程式、心智图像
1998 年	吉尔伯特（Gilbert）和鲍特（Boulter）	物件、想法、系统、事件、过程
2000 年	吉尔伯特（Gilbert）	心智、表达、共识、历史、课程、教学、混合、教育
2000 年	巴克利（Buckley）和鲍特（Boulter）	具体、言语、视觉、数学、动作、混合
2000 年	哈森（Harrison）和特莱格斯特（Treagust）	尺度、类比、图像和符号、数学、理论、示意图和表格、概念-过程模型、模拟、心智、综合
2001 年	美国促进会	概念、物理、数学
2004 年	余自强	物质（实物、模拟）、思想（具象、理想）
2015 年	赵萍萍	尺度、类比、图像和符号、数学、不表示数学关系的图和表格、理论、概念-过程模型、系统
2019 年	周赟	物质、思想（符号、数学、理想、认知）

从上表所举的内容中可看出模型类型的分类标准有以下几种。

第一，根据模型是具体的还是抽象的，将模型分为物质模型和思想模型，如余自强、周赟等研究者的分类结果。

第二，根据模型的表达方式是定性的还是定量的，将模型分为物理模型和数学模型。物理模型借助语言、图像、符号等表达；数学模型借助公式、图表等表达，如张琼的分类。

第三，根据模型所表征的事物即原型的种类角度，将模型分为物件模型、观点模型等。

第四，根据模型的表征方式，将模型分为具体模型、言语模型等模型类型。

第五，根据模型自身的发展角度，将模型分为 8 个类型：尺度、类比、图像和符号、数学、不表示数学关系的图和表格、理论、概念-过程、系统。以上 8 个类型展示了模型从个人化的认知表征到获得科学群体的认可和共识的过程。

第六，根据模型不同的功能角度，将模型分为尺度、类比、图像和符号、数学、示意图和表格、理论、概念-过程模型、模拟、心智、综合等类型，如赵萍萍等人的分类结果。

二、从中学生物学视角，归纳模型类型

从中学生物学科的角度审视模型类型，其表达方式不外乎以下六类。

第一类，有形的：三维空间的实体模型，比如用塑料材料制作的人体心脏模型。

第二类，言语的：指被听到或是讲到的、描述的、解释的、陈述的、辩论的、类比和隐喻的模型，比如"心脏好比一个水泵"。

第三类，可视化的：指被看到的模型，如图表、动画、影像等。

第四类，数学化的：指公式、方程式和一些模拟。

第五类，动作化的：描述物体或其部分位移的模型。

第六类，混合化的：以一至五类混合构建的模型。

三、从科学模型的角度，归纳模型类型

其实，从大多数科学研究者的角度，他们还是非常容易接受从科学模型的角度对模型进行分类的。

第一，概念模型。

概念模型是通过分析大量的具体形象，分类并揭示其共同本质，将其本质凝结在概念中，把各类对象的关系用概念与概念之间的关系来表述，用文字和符号突出表达对象的主要特征和联系。概念模型

通常是以语言、符号与图形相结合的方式来简化抽象的生物知识，便于学生通过概念图与图解式解释，全面理解生物概念的点、线、面，能够有效提升高中生的学习效率，延长学生的知识记忆时间，如动物细胞各种结构的名称及相互关系概念图、用光合作用图解描述光合作用的主要反应过程、甲状腺激素的分级调节等。

第二，物理模型。

物理模型是基于相似性而通过真实的装置或过程来模拟人类希望了解的事物的模型。通常情况下，物理模型比模拟对象更容易操作，因为模型的体积较小，所用材料比较便宜，年限也更短，如飞机模型、分子模型等，其非常类似哈里森等人提出的尺度模型。

第三，数学模型。

数学模型是为了理解或解释某种生命现象，利用数学的形式对所描述对象加以表述并预测其发展趋势的模型。结合高中生物学知识的特点，从广义上讲，凡是运用数学语言和数学工具理解生物学概念、描述生命活动过程、总结生物学规律而得到的一类数学形式都可称为数学模型。数学模型实质上就是用数学的方法把生物学的原理或发展趋势表现出来，以达到简化生物学的原理和过程的目的，如表示种群数量变化的"S"形曲线模型和"J"形曲线模型等。

本章后续的介绍将重点陈述概念模型、物理模型和数学模型。

第二节　概念模型

《概念建模》一书将概念模型定义为在概念描述阶段，根据要素之间的相互关系，采取一定的形式将其精确地描述出来，组成一个集中的概念知识体，来说明所研究的问题。吴志强指出，概念模型是指运用箭头、文字等来连接关键词，对具体事物进行相应的整理与分析,从而揭示其特征和属性,兼具直观性和概括性的模型。按照概念模型的构图原理,梳理科学概念和知识体系,构建符合现代教育学学习原理和神经系统反应机理的可视化知识记忆网络,能帮助学生学习。

依据现代教育理论——构建主义学习原理设计概念模型,搭建新、旧知识间的关联。构建主义学习原理认为:要记住知识并懂得其含义,新知识就必须与现有知识进行整合。概念模型就是要把认知过程与知识体系相整合,以可视化的图形表现出来。构建后的概念模型通常呈现形象化、直观化和生动化的特征。

根据表征特点,概念模型可分为解释类概念模型、结构类概念模型和概括类概念模型。概念模型的分层级呈现,能帮助读者用图或线的形式建立重要概念彼此间的联系。模拟人脑对信息处理的生理机制设计概念模型,让学习、记忆思路更符合人脑神经系统的反应机理。

一、解释类概念模型

解释类概念模型常以可视化图形为载体,以简单的文本描述做解释,来帮助学生奠定基础认识。例如,图文并茂的模型呈现形式可以丰富阅读者的感性认识,培养阅读者的形象思维。

【案例1】在学习"细胞结构和功能"时,通过构建如图1-2-1所示的解释类模型,一方面可视化地将细胞结构显现出来,另一方面又可以借助简单的文字描述,突显其显著的特点。

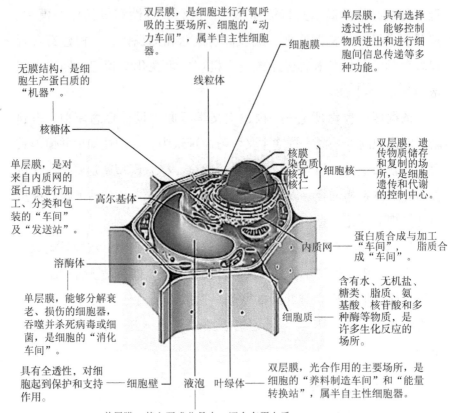

图 1-2-1 "细胞结构和功能"解释类概念模型

【案例2】在学习"ATP 是直接的能源物质"时，可以构建如图 1-2-2 所示的解释类概念模型。

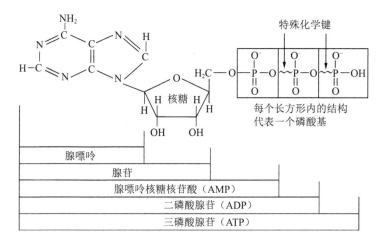

图 1-2-2 "ATP 的构造和特殊化学键的位置"解释类概念模型

总结：通过自我观察和文字阅读，可以直观地获取以下几点结论。

第一，ATP 中的"A"代表的是腺苷，它是由一分子的腺嘌呤和一分子的核糖组成的。

第二，ATP 脱去两分子磷酸基后形成的物质叫腺嘌呤核糖核苷酸（AMP），是构成 RNA 的基本单位之一。

第三，ATP 转化成 ADP 断裂的是远离腺苷的那个特殊化学键。

二、结构类概念模型

结构类概念模型以图形为载体，有次序地层次化展现物体的结构组成。其展现顺序可以从宏观到微观、从细胞到生物圈，甚至可以从原子到大分子化合物等。结构类概念模型能引导学生开拓多种形式的感知，丰富学生的感性认识，增强学生的观察力和形象思维，并为形成正确而深刻的理性认识奠定基础。

【案例3】在比较"动、植物细胞结构异同点"时，可以通过构建如图 1-2-3 所示的两幅典型动、植物细胞立体结构类概念模型，直观地获取两者的相同结构，以及两者特有的结构。

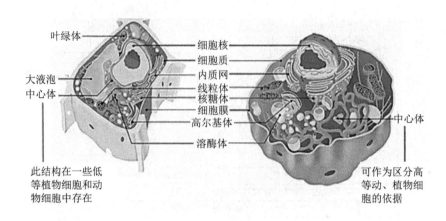

图 1-2-3 "动、植物细胞结构异同点"结构类概念模型

【案例4】在学习"纤维素的结构、功能、来源"时，可以构建如图 1-2-4 所示的结构类概念模型。

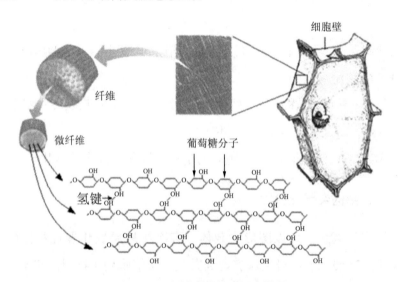

图 1-2-4 纤维素结构类概念模型

总结：通过有序的观察和分析，可以从结构类概念模型中获得以下结论。

第一，植物细胞壁的主要成分有纤维素，它具有支持和保护作用；如果要去除细胞壁，可以用纤维素酶或果胶酶。

第二，构成纤维素的单体是葡萄糖。

第三,碳链是构成纤维素的基本骨架。

三、概括类概念模型

概括类概念模型指用一种模式去套用现实的教学实践,或者是用框架去"裁剪"鲜活的课堂实践。概括类概念模型的精髓蕴藏在事物发展的共性中。例如,在高三第一轮或第二轮复习课中,教师既可以尝试构建如图1-2-5所示的一个概括类概念模型,也可以尝试构建如图1-2-6所示的一个概括类概念模型,让学生搜索相关知识,进行填空或趋势分析。这样的串联形式和汇总形式,可高效浓缩教材中多章节的知识点,有利于学生对知识的融会贯通,提高复习的效率。

【案例5】构建"链式传递"概括类概念模型。

"链式传递"概括类概念模型就是用方框和箭头两种元素符号构成的传导型链式结构图(图1-2-5)。尝试让学生依据该模型,对学过的知识进行概括、归纳,并逐渐形成解决具有相同特征的问题的能力。

图1-2-5 "链式传递"概括类概念模型

下面展示学生依据模型填入的一些相关内容:

第一种,免疫调节:抗原→吞噬细胞→T细胞。
第二种,激素调节:下丘脑→垂体→甲状腺或性腺。
第三种,基因表达:DNA→mRNA→蛋白质。
第四种,食物链:生产者→初级消费者→次级消费者。
第五种,组织培养:外植体→愈伤组织→胚状体或丛芽。

【案例6】构建"框架整合"概括类概念模型。

"框架整合"概括类概念模型就是用框架结构,把散落的信息或碎片化的知识,按大概念或次要概念的形式进行归纳和整合。比如,在复习"细胞的增殖、衰老和癌变"内容时,通过构建如图1-2-6所示的"框架整合"概括类概念模型，就可以很全面地将与该内容相关的知识进行系统的整合。

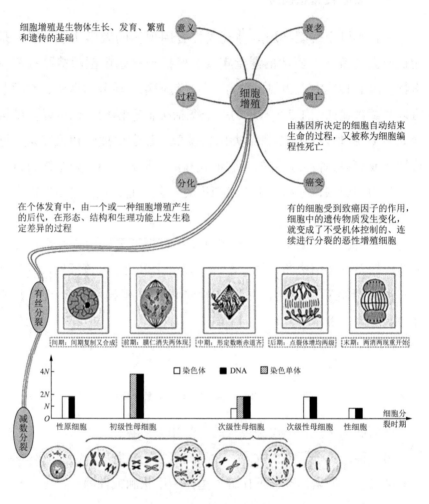

图 1-2-6 "框架整合"概括类概念模型

其实，概括类概念模型的形式还有很多，学习者要多尝试进行构建。模型构建既能帮助自己对知识进行高度归纳和灵活应用，又能实现生物学知识的横向联系，从而使自我生物学水平由了解、理解层面向应用层面转化。

第三节　物理模型

物理模型就是根据相似原理，把真实事物按比例通过缩放形式制成模型，其状态变量和原事物的基本相同，可以模拟客观事物的某些功能和性质。物理模型通常以实物或图画形式直观地反映认识对象的形态结构或三维结构。高中生物学教材涉及的物理模型有细胞模型、生物膜模型、细胞器模型、动植物有丝分裂和减数分裂中染色体变化模型、DNA 的双螺旋结构模型等。

物理模型具有三大基本特点：

第一，对实际对象的模仿和抽象。

第二，体现认识对象系统中的主要因素。

第三，反映主要因素之间的关系。

物理模型从性质上通常分为实物模型和模拟模型两类；从形态上通常分为静态结构模型和动态结构模型，例如真核细胞的三维结构模型、细胞膜的流动镶嵌模型等属于静态结构模型，教材中学生动手构建的减数分裂中染色体变化模型、血糖调节的模型等属于动态结构模型。美国教育学家杰罗姆·西摩·布鲁纳（Jerome Seymour Bruner）认为，对学习最好的刺激是用选择的材料去模拟或制造模型的兴趣。构建物理模型可以说是一种动手学习过程。学生在动手的过程中能有效地提高自己的学习兴趣，体验到一种自己在亲自参与掌握知识的情景。动手构建物理模型是一种循序渐进的探究历程，能调动学生的多种感官体验，让学生拥有学习的主动权、实践的探究权、个人发展的选择权。

一、静态结构模型

静态结构模型是指依据生物体凸显的形状、颜色、大小等，按一定比例以及特征来制作的一种模型形式。其体现出事物的自然顺序和自然位置，揭示事物的形态、特征和本质，使生物学的课堂教学形式多样、教学手段多维、教学效能高效。

【案例7】在学习"细胞结构"时，可以通过手工坊的形式，让学习者主动参与到构建各种细胞模型（图1-2-7）的活动中。

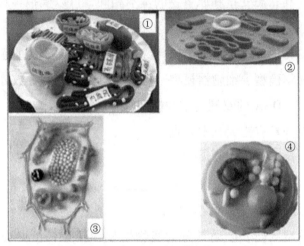

①③是高等植物细胞的三维结构模型
②④是动物细胞的三维结构模型

图1-2-7　真核细胞三维静态结构模型

总结：通过完整的细胞结构模型制作，学习者获得对生命整体感的认知。

第一，体会微观生命世界的结构组成，获取各结构的位置感、形象感，明白其大致应该呈现的生命状态。

第二，从制作各种细胞器结构的过程中，建立"结构与功能相适应"的生命观念。

第三，在制作细胞结构的过程中，培养团队合作精神，收获劳动带来的喜悦，感知生命的艺术之美。

【案例8】在学习"体温平衡的调节"时，可以用彩色卡纸手工构建"皮肤的结构"模型，让学习者通过动手、动脑，明白皮肤各部分的结构（图1-2-8），从而产生要去了解其功能的愿望。

图 1-2-8 皮肤静态结构模型

二、动态结构模型

动态结构模型是描述与操作时间和顺序有关的系统特征、事件序列、事件环境、事件组织以及影响事件更改的一种形式。动态模型的每张图均能辅助理解模型的行为特征，每张图均能有助于理解系统的行为特征。

【**案例 9**】在"有丝分裂过程的物理模型"构建活动中，构建染色体复制的动态物理模型（图 1-2-9）、构建动物细胞有丝分裂的动态物理模型（图 1-2-10）。

图 1-2-9 染色体复制的动态平面结构模型

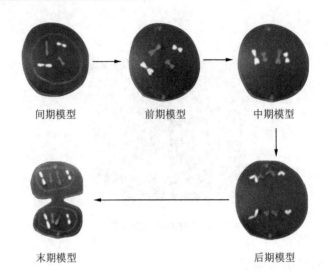

图 1-2-10 动物细胞有丝分裂的动态平面结构模型

【案例 10】在"种子的结构和萌发模型"构建活动中,用彩色卡纸手工构建种子的结构、幼苗的结构,然后动态展现"种子的萌发"的过程,见图 1-2-11。

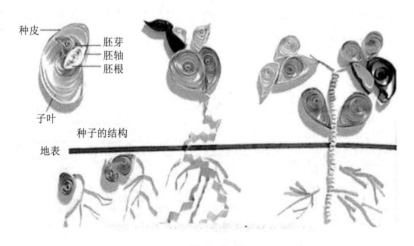

图 1-2-11 种子萌发的动态结构模型

构建物理模型需要把原本认知的知识转化提炼,并对抽象、复杂的原型进行深加工、分析,然后转换为简单和纯化的模型。此过程一方面可以借助小组合作的形式加以开展,以期帮助学生加深对所学知识的记忆和理解；另一方面通过模型构建，引导学生进行发散思维训练，帮助学生进一步增强探究和创新的能力。

第四节　数学模型

《普通高中生物学课程标准》（2017年版，2020年修订）（以下简称"新课标"）强调：高中生物教学要让学生能够领悟数学模型建立的科学方法和其在科学研究中的应用。科学合理地构建数学模型、开展数学模型在生物教学中的应用，可以在一定程度上培养学生用数学思维去解决生物学实际问题的能力，同时也加深了学生对数学模型思想的进一步了解。

市场经济和信息化技术高度发展的今天，数学模型已被广泛地应用。众多领域的疑难问题很多都用数学建模方法来解决，这主要源于数学模型的高度抽象性、严密逻辑性和应用广泛性的特质。数学模型就是将一个特定的事物作为研究目标，通过对内容的分析、运用数学符号或语言，根据特有的内在规律，做出一些必要的简化假设，运用适当的数学工具，得到的一个数学结构。数学结构可以是数学公式、算法、表格、图示等。如果其变量中不含时间因素，则为静态模型；如与时间有关，则为动态模型。

其实，通俗地讲，数学模型就是为了某种目的，用字母、数字及其他符号建立起来的等式或不等式。依据不同的分类标准，数学模型的分类也各不相同。例如，根据研究对象的领域不同，数学模型可分为人口模型、生态模型、经济模型等。在生物学科的分类也没有统一的标准。周正广将数学模型分为数字模型、公式模型、定理模型、幂模型、最值模型、集合模型、坐标图模型、几何图模型、不等式模型和极限模型十大类。依据高中生物学教材和各类考试中出现的数学模型类型，其可以分为两类：一类是确定性数学模型，另一类是随机性数学模型。

在高中生物学教学中建立数学模型，一方面是因为其具有抽象性、精确性和简约性的特点，另一方面还因为其具有直观性和艺术性。数学模型在高中生物学教学中的直观性表达，主要有描述性语言、图形语言和符号语言三种表达形式。教师引导学生去构建数学模型，一方面有利于培养学生通过现象去揭示本质的洞察力，另一方面也有利于深化学生对于知识的透彻理解。

一、确定性数学模型

确定性数学模型是目前最为普遍的一种数学模型，即运用数学的方法来研究和描述必然性的现象。确定性数学模型常采用各种方程式、关系式、代数方程、微分方程和积分方程等来表示。确定性数学模型常可以把复杂的生物学问题转换为相关的数学问题。自然界中，生命物质的运动过程也可以运用确定性的数学模型来进行定量甚至定性的描述。在高中生物学教学过程中，教师可以建立数学模型，并通过对数学模型的逻辑推理以及求解运算，帮助学生从客观事物上总结出相关结论，以此来实现研究生命现象的目的。

（一）方程式

【案例1】用"方程式"数学模型来展现有氧呼吸物质和能量代谢过程（图1-2-12）。

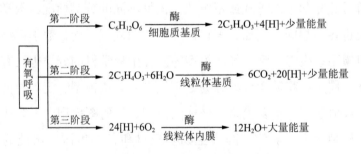

图1-2-12　细胞有氧呼吸的三个阶段

(二) 关系式

【案例2】 用"关系式"数学模型来展现蛋白质合成过程中涉及的相关数量关系。

(1) 肽键数与氨基酸数的关系。

$$肽键数 = 失去水分子数 = 氨基酸数 - 肽链数$$

(2) 蛋白质中游离氨基或羧基数目的计算。

① 至少含有的游离氨基或羧基数 = 肽链数;

② 游离氨基或羧基数目 = 肽链数 + R 基中含有的氨基或羧基数。

(3) 蛋白质相对分子质量的计算。

① 公式：蛋白质相对分子质量 = 氨基酸数目×氨基酸平均相对分子质量 - 脱去水分子数×18；

② 示例：假设氨基酸的平均相对分子质量为 a，由 n 个氨基酸分别形成 1 条链状多肽或 m 条链状多肽，则蛋白质相对分子质量结果如表 1-2-2 所示。

表 1-2-2 蛋白质相对分子质量计算的关系式

形成肽链数	形成肽键数	脱去水分子数	蛋白质相对分子质量
1	$n-1$	$n-1$	$na-18(n-1)$
m	$n-m$	$n-m$	$na-18(n-m)$

(4) 若为环状多肽，则可将公式中的肽链数视为零，再进行相关计算。环状多肽主链中无氨基和羧基，环状多肽中氨基或羧基数目取决于构成环状多肽氨基酸 R 基团中的氨基和羧基的数目。由环状多肽模型图（图 1-2-13）可知：肽键数 = 脱去水分子数 = 氨基酸数。

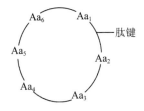

图 1-2-13 环状多肽模型图

(5) 二硫键（—S—S—）的形成，每形成1个二硫键，就脱去2个H，相对分子质量减少2。

(三) 曲线图

曲线图是动点运动时，方向连续变化所成的线，也可以想象成弯曲的波状线。任何一根连续的线条都称为曲线，包括直线、折线、线段、圆弧等。

1. 单曲线

(1) 倒"V"形单曲线（图1-2-14）。

【案例3】酶活性受温度、pH影响的规律模型。

温度、pH对酶活性的影响曲线图是高中生物学必修一中的重要模型。该模型对知识的考查恰巧反映出学生对模型的认识，能锻炼学生

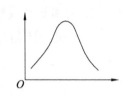

图1-2-14 倒"V"形单曲线模型

的识图能力与分析能力。总体看来，两个单曲线的走势大致相同，都是先逐渐上升至最高处，然后逐渐下降。整个曲线就像一个倒立的"V"，两者唯一不同的是：低温不会使酶的活性丧失，即酶活性-温度单曲线的左端与X轴永远没有交点（图1-2-15）。

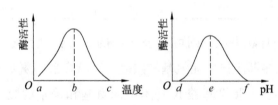

图1-2-15 酶活性受温度、pH影响的规律模型

总结：通过对倒"V"形单曲线的观察，可获得以下认知。

第一，图中b表示最适温度，e表示最适pH。

第二，温度在a时，酶的活性较低，但不会失活；温度$\geq c$时，酶会失活。pH$\leq d$、pH$\geq f$时，酶都会失活。

第三，由图可知，酶的作用条件较温和，在最适宜的温度和pH

条件下，酶的活性最高。

（2）"J"形单曲线（图1-2-16）。

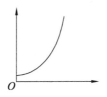

图1-2-16 "J"形单曲线模型

【案例4】理想条件下种群增长（或细胞增殖）曲线模型（图1-2-17）。

自然界某一物种在理想条件下种群数量增长的形式，如果以时间做横坐标，种群数量做纵坐标画出来的曲线表示，曲线大致呈"J"形。这样的曲线叫"J"形曲线。

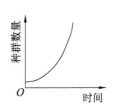

图1-2-17 种群数量变化的模型

总结：通过对"J"形单曲线的观察，可获得以下认知。

第一，前提条件：食物和空间条件充裕、气候适宜、没有敌害等。

第二，数学模型：$N_t = N_0 \lambda^t$（N_0为该种群的起始数量，t为时间，N_t为t后该种群的数量，λ表示该种群数量是一年前种群数量的倍数）。

第三，曲线特点：种群数量以一定的倍数连续增长，没有K值。

（3）"L"形单曲线（图1-2-18）。

【案例5】搜集高中教材中"L"形单曲线模型，综合如下：

第一，杂合体自交后代杂合率与时间（代数）的关系。

第二，无氧呼吸速率受氧气浓度影响的规律。

第三，恒温动物耗氧量与环境温度的关系。

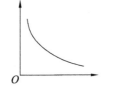

图1-2-18 "L"形单曲线模型

第四，渗透作用失水速率与时间的关系。

第五，蛙受精卵发育过程中有机物总量随时间变化的规律。

第六，一定范围内乳酸菌、蛔虫等厌氧生物的无氧呼吸强度随着氧分压的增大而变化的曲线。

第七，植物细胞置于质量浓度为 0.3 g/mL 的蔗糖溶液中发生质壁分离时的细胞含水量随着时间的延长而变化的曲线。

第八，一般而言，一个生态系统的恢复力稳定性随抵抗力稳定性增强而变化的曲线。

第九，人的一生中自由水与结合水的比值随着年龄的增大而变化的曲线。

第十，密封锥形瓶中酵母菌进行呼吸作用时，溶液 pH 随时间的延长而变化的曲线。

（4）"厂"形单曲线（图 1-2-19）。

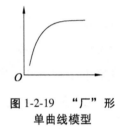

图 1-2-19 "厂"形单曲线模型

【案例6】搜集高中教材中"厂"形单曲线模型，综合如下：

第一，适当范围内光合速率受 CO_2 浓度、光照强度、光质、温度的影响规律。

第二，矿质元素吸收速率与 O_2 浓度的关系（y 轴上有截距）。

第三，反应速率（生成物合成速率）与底物浓度的关系。

第四，杂合体自交后代中纯合体比例与繁殖代数的关系。

第五，自然条件下种群的增长规律。

第六，一定范围内酶反应速率随着底物浓度增大而变化的曲线。

第七，密封锥形瓶中酵母菌产生酒精浓度随着时间的延长而变化的曲线。

第八，一定范围内，有氧呼吸强度随着氧气浓度的增大而变化的曲线。

（5）"V"形单曲线（图1-2-20）。

【案例7】搜集高中教材中"V"形单曲线模型，综合如下：

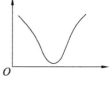

图1-2-20　"V"形单曲线模型

第一，种子萌发成幼苗过程中干重与时间的关系。

第二，种群数量与杀虫剂的选择作用的关系。

第三，KNO_3、乙二醇等物质诱导植物细胞质壁分离和自动复原的关系。

第四，酵母菌产生CO_2的速率与O_2浓度的关系。

2. 多曲线

顾名思义，多曲线就是由多个单曲线组合而成的一个整体。多曲线问题常表示某种生物的数量或者某一生理过程与两个甚至多个因素之间的关系，其通常表现为探究两（多）个自变量对某因变量的影响。

【案例8】酶高效性、专一性的规律模型。

酶作为有机催化剂，与无机催化剂相比具有高效性。一种酶只能催化一种或一类化合物，即酶的专一性。呈现彼此之间的关系，可以通过构建多曲线模型来实现（图1-2-21、图1-2-22）。

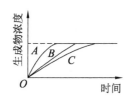

图1-2-21　酶高效性模型

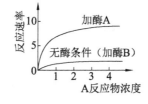

图1-2-22　酶专一性模型

总结：通过对酶高效性和专一性模型的观察，可获得以下认知。

第一，酶高效性模型中酶参与的反应对应曲线A，无机催化剂参与的反应对应曲线B，未加催化剂时的反应对应曲线C。由此说明，与无机催化剂相比，酶的催化作用具有高效性。

第二，酶专一性模型中加入酶 B 的反应速率和无酶条件下的反应速率相同，说明酶 B 对此反应无催化作用，而加入酶 A 的反应速率随反应物浓度的增大明显加快，说明酶的催化作用具有专一性。

（四）折线图

折线图是用线段将各数据信息点相互连接而构成的图形，以折线方法显示信息数据的信息趋势分析。折线图能够显示信息随时间（依据常见占比设定）转变的持续数据信息，因而十分适合显示在相同间隔时间下数据信息的发展趋势。

在折线图中，类型数据信息沿横轴分布均匀，全部值数据信息沿纵轴分布均匀。此外，在折线图中，数据信息是增长还是下降、调整的速度、调整的规律性（规律性、螺旋性等）、最高值等特点都能够清楚地体现出来。因此，折线图常用来分析数据随时间变化的趋势，也能用来剖析多个数据信息随时间转变的相互影响。通常情况下，横轴（X 轴）一般表示时间的变化，而且间距相同；纵轴（Y 轴）一般表示随不同时刻变化的数据信息大小。

【案例 9】减数分裂过程中的折线图如图 1-2-23 所示（以精子形成为例）。

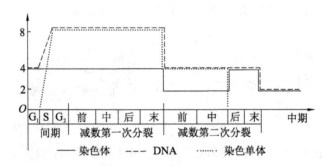

图 1-2-23　精细胞减数分裂中染色体、DNA、染色单体变化折线图

总结：通过对折线图的观察，可获得以下三点认知。

第一，从染色体数目变化角度审视：① 减数第一次分裂末期，同源染色体分开，平均进入两个子细胞，染色体数目减半；② 减数第二次分裂后期，着丝粒分裂，染色体数目加倍到体细胞水平；③ 减数第二次分裂末期，细胞一分为二，染色体数目减半。

第二，从核 DNA 数目变化角度审视：① 减数第一次分裂前的间期，DNA 复制，核 DNA 数目加倍；② 减数第一次分裂末期，细胞一分为二，核 DNA 数目减半；③ 减数第二次分裂末期，细胞一分为二，核 DNA 数目再减半。

第三，从染色单体数目变化角度审视：① 减数第一次分裂前的间期，DNA 复制，染色单体形成；② 减数第一次分裂末期，细胞一分为二，染色单体数目减半；③ 减数第二次分裂后期，着丝粒分裂，染色单体消失。

（五）柱状图

柱状图是一种以长方形的长度为变量的统计图表，其还被称为长条图、条状图、棒形图等。柱状图用来比较两个或以上的信息（不同时间或者不同条件），只有一个变量，通常用于较小的数据分析。柱状图亦可横向排列，或用多维方式表达。

绘制柱状图时，长条柱中线须对齐项目刻度。相较之下，折线图则是将数据代表之点对齐项目刻度。在数字大且接近时，两者皆可使用波浪形省略符号，以扩大表现数据间的差距，增强理解和清晰度。

【案例10】分泌蛋白的合成、加工、运输过程。

用放射性同位素标记氨基酸，首先通过细胞内的核糖体形成氨基酸多肽链，然后在糙面内质网内，肽链盘曲折叠构成蛋白质。接着糙面内质网膜会形成一些小泡，里面包裹着蛋白质。小泡运输蛋白质到高尔基体。蛋白质进入高尔基体后，进行进一步的加工，之后高尔基体膜形成一些小泡，包裹着蛋白质，运输到细胞膜处。小泡与细胞膜接触，蛋白质就分泌到细胞外。具体过程见图 1-2-24。

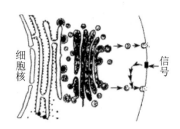

图 1-2-24　放射性同位素标记出现的先后顺序

依据以上内容，可以构建柱形图（图 1-2-25），实现科学思维的显性化表达。

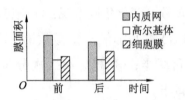

图 1-2-25　与分泌蛋白相关的膜变化的柱状模型

总结：通过对柱状图的观察，可获得以下认知。

用 ^3H 标记亮氨酸探究分泌蛋白在细胞中的合成、运输与分泌的途径。通过实验说明分泌蛋白在附着于内质网上的核糖体中合成之后，是按照内质网—高尔基体—细胞膜的方向运输的，从而证明了细胞内的各种生物膜在功能上是紧密联系的。

二、随机性数学模型

生物现象具有随机性和偶然性。随机性数学模型，即用过程论、概率论和数理统计等方法去研究和描述一些随机现象的方法。不过，同一事件或随机事件重复多次地出现可以表明，其中的变化也是有规律可循的。故目前在研究生物学时，我们常用的方法就是运用过程论、概率论以及数理统计的方法来建立随机性的数学模型。各种各样的统计分析方法现在已经成为研究生物学的工作和生产实践的常用手段，而生物统计学是生物数学模型发展较早的一个分支。下面以随机性数学模型在高中生物学教学中的一些案例进行陈述。

（一）差分方程

【案例 11】种群数量的变化及其应用。

如果种群满足以下条件：

① 增长是无界的；

② 世代不相重叠；

③ 没有迁入和迁出；

④ 不具年龄结构。

就可以建立最简单的单种种群增长的数学模型。通常是把世代 $t+1$、种群数量 N_{t+1} 与世代 t、种群数量 N_t 联系起来的差分方程表示为：

$$N_{t+1} = \lambda N_t \quad \text{或} \quad N_t = N_0 \lambda^t$$

其中，N_0 为种群起始大小，t 为时间，λ 为种群的周期增长率。

举例说，一年生（即世代间隔为一年）生物种群，开始时有 10 个雌体，到第二年有 200 个，那就是说，$N_0 = 10$，$N_1 = 200$，即一年增长 20 倍。今以 λ 代表种群两个世代的比率：

$$\lambda = \frac{N_1}{N_0} = 20$$

如果种群在无限环境下以这个速率年复一年地增长，即

$$N_0 = 10$$

$$N_1 = N_0 \lambda = 10 \times 20 = 200 \ (= 10 \times 20^1)$$

$$N_2 = N_1 \lambda = 200 \times 20 = 4\ 000 \ (= 10 \times 20^2)$$

$$N_3 = N_2 \lambda = 4\ 000 \times 20 = 80\ 000 \ (= 10 \times 20^3)$$

……

$$N_{t+1} = \lambda N_t \quad \text{或} \quad N_t = N_0 \lambda^t$$

将方程式 $N_t = N_0 \lambda^t$ 两侧取对数，即：

$$\lg N_t = \lg N_0 + (\lg \lambda) t$$

若将 $\lg N_t = \lg N_0 + (\lg \lambda) t$ 用直线方程式 $y = a + bx$ 的形式表达，即以 $\lg N_t$ 与 t 作图，就能得到一条直线，其中 $\lg N_0$ 是截距，$\lg \lambda$ 是斜率。

λ 是种群离散增长模型中常用的量。如果 $\lambda > 1$，则种群数量上升；如果 $\lambda = 1$，则种群数量稳定；如果 $0 < \lambda < 1$，则种群数量下降；如果 $\lambda = 0$，则表示雌性没有繁殖能力，种群逐渐灭绝。

（二）概率论

【案例 12】概率论实践应用案例——性状分离的模拟实验。

(1) 实验目的。

① 理解等位基因在形成配子时发生分离、受精时雌雄配子随机结合的过程。

② 认识和理解基因的分离和随机结合与生物性状之间的数量关系。

(2) 实验原理。

进行有性生殖的生物，等位基因在减数分裂形成配子时会彼此分离，形成两种比例相等的配子。受精作用时，比例相等的两种雌配子与比例相等的两种雄配子随机结合，机会均等。随机结合的结果是后代的基因型有三种，其比为 1∶2∶1；表型有两种，其比为 3∶1。由于此实验不能直接用研究对象进行操作，故用模型代替研究对象进行实验，模拟研究对象的实际情况，以获得对研究对象的认识，所以此实验方法又称模拟实验。

(3) 实验材料。

① 小塑料桶或圆柱形容器（分别代表雌、雄生殖器官）两个。选择盛放小球的容器最好采用小桶或圆柱形容器，建议不要采用方形容器，以便摇动小球时能充分混匀。

② 两种大小一致、质地统一、手感相同且要有一定重量的彩色小球各 20 个（彩球分别代表雌、雄配子，用不同彩球的随机组合，模拟生物在生殖过程中雌雄配子的随机结合）。

③ 一种颜色的彩球标记为 A，另一种颜色的彩球标记为 a。

④ 记录用的笔和纸。

(4) 实验步骤（实验装置如图 1-2-26 所示）。

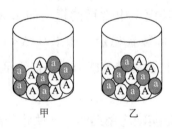

图 1-2-26　性状分离模拟实验的装置图

① 分装、标记小球。

取甲、乙两个小桶，每个小桶内放两种色彩的小球各6个，并在不同色彩的球上分别标上字母A和a。甲桶上标记雌配子，乙桶上标记雄配子。甲桶中的A小球与a小球，就分别代表含基因A和含基因a的雌配子；乙桶中的A小球与a小球，就分别代表含基因A和含基因a的雄配子。

② 混合小球。

分别摇动甲、乙小桶，使桶内小球充分混合。

③ 随机取球。

找三个学生：一个记录，两个分别从两个小桶内随机抓取一个小球，组合在一起，记录下两个小球的字母组合，这表示雌配子与雄配子随机结合形成合子的过程。（注意：不要看着桶内的小球，要随机去抓，且随便搅拌一下，以增大其随机性，用双手同时去两个桶内各抓一个。桶内小球的数量必须相等，A、a基因的小球数量之比必须为1∶1，且每次抓出的两个小球统计后必须放回各自的小桶，以保证概率的平等。每做完一次模拟实验，将小球放回后都要摇匀桶内小球，然后再做下次模拟实验）

④ 重复实验。

将抓取的小球放回原来的小桶，摇动小桶中的彩球，使小球充分混合后，再按上述方法重复做50~100次（重复次数越多，模拟效果越好）。记录时，可先将AA、Aa、aa三种基因型按竖排先写好，然后每抓一次，就在不同基因型后以"正"字形式记录，如表1-2-3。

表1-2-3 性状分离的模拟实验数据表

基因型	次数	总计	百分比
AA			
Aa			
aa			

⑤ 统计小球组合。

统计小球组合为 AA、Aa 和 aa 的数量分别是多少，并记录下来。

⑥ 计算小球组合。

计算小球组合为 AA、Aa 和 aa 之间的数量比值是多少，计算小球组合为 AA 和组合为 aa 的数量比值是多少，并记录下来。

⑦ 实验结论分析，得出实验结果。

在实验误差允许的范围内，得出合理的结论（可将全班每一小组结果综合统计，进行对比）。

总之，在生物学科中进行构建数学模型思维的渗透，把复杂的研究对象转化为数学问题，经科学合理简化，建立一个用数学揭示研究对象规律的关系式，不仅可让学生体会到生物学并非一门理解型的自然科学，而且可让学生感觉到构建数学模型确实能更好地解决一些生物学实际问题。

【案例3】概率论实践应用案例——杂合子连续自交的情况分析。

(1) 杂合子 Aa 连续自交，第 n 代的比例情况见表 1-2-4。

表 1-2-4 性状分离的模拟实验数据表

类型	第 n 代的比例公式
杂合子	$F_n = 1/2^n$
纯合子	$F_n = 1-1/2^n$
显性纯合子	$F_n = 1/2-1/2^{(n+1)}$
隐性纯合子	$F_n = 1/2-1/2^{(n+1)}$

根据上表比例公式，纯合子、杂合子、显（隐）性纯合子的坐标曲线如图 1-2-27 所示。

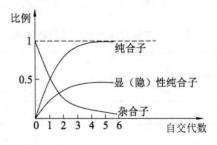

图 1-2-27 杂合子 Aa 连续自交，第 n 代的纯合子、杂合子比例曲线模型

从曲线图中得到启示：在育种的过程中，选育符合人们要求的个体（显性）连续自交，直到性状不再发生分离，即可留种推广使用。

（2）杂合子 Aa 连续自交，且逐渐淘汰隐性个体，自交 n 代后，显性个体中第 n 代的比例情况见表1-2-5。

表1-2-5　杂合子连续自交、淘汰隐性个体后的情况表

类型	第 n 代的比例公式
杂合子	$F_n = 2/(2^n+1)$
纯合子	$F_n = (2^n-1)/(2^n+1)$

图形、图表是信息的重要载体和工具，是生物考试中重要的命题形式和手段，能直观地反映生物的形态、结构和生命过程，高度简洁地概括生理活动之间的相同点、区别和联系，因此一直受中高考命题专家青睐，成为复习备考的重点。从近几年的中高考试题中可以看出，试题的新颖度、难度和区分度在一定程度上都借助图表和图形的创新。这已成为命题的重要切入点。一方面是考查学生对生物学常用图形、图表所表达的内容和含义的正确理解，另一方面是考查学生用图形、图表的表达方式描述生命现象和生命活动规律的能力。

建模式教学综述

【概述】模型的预测功能主要体现在科学知识的发展过程中。从认知规律角度审视，模型是科学研究的核心工作，而基于模型的科学研究是推动科学知识发展的动力，是人们不断地构建模型、修改模型甚至完全推翻原有的模型再重新构建新的模型的过程。

第一节 模型的功能

关于模型的功能，从国内外审视可知，国内研究者以赵萍为主要代表，国外研究者以莱瑟代尔（Leatherdale）为主要代表。

一、国内模型研究标志性人物对模型功能的陈述

根据赵萍的观点，模型在生物学研究中有五种功能：

第一，可以利用模型解释现象。

第二，可以利用模型预测现象。

第三，模型可以产生新观点或新概念。

第四，模型具有简化作用，可以用简单的模型表征复杂的现象。

第五，模型具有探究作用，科学家可以利用模型探究一个新现象是怎样发生的。

另外，吴克勇认为模型具有认知功能的多样性，其中最突出的功能有四种，分别是描述功能、解释功能、预见功能和判断功能。邢红

军同样提到模型具有解释功能和预见功能，另外还提出模型具有启示功能和发现功能。

二、国外模型研究标志性人物对模型功能的陈述

莱瑟代尔提出模型有七个功能：

第一，作为深刻理解想象的媒介，如原子的结构模型。

第二，使得理论更容易理解，如用磁感线来解释磁场。

第三，对理论的预测，如利用开普勒定律预测海王星。

第四，简化复杂现象，如用光合作用的过程示意图来简化光合作用的过程。

第五，强化理论的预测能力，如从细胞膜的"三明治"模型到流动镶嵌模型，再到脂筏模型。

第六，从理论之间的关联性上发现问题，如通过计算机模拟来发现二氧化碳浓度导致温室效应问题。

第七，提供实验和观察的理论推导过程，如通过气体分子模型推导出查理定律以及玻尔定律。

另外，学者吉尔伯特提出模型有三个功能：第一，使事物抽象化；第二，使复杂现象简单化；第三，为解释和预测现象提供依据。

三、本书对模型功能的综合性陈述

综上可知，不同研究者对于模型的功能有不同看法，学者们普遍认同的功能有描述功能、解释功能和预测功能。

（一）描述功能

因为模型主要是通过抓住原型的本质特征，并依据类比原则，经过简化、纯化过程构建而成的，所以，借助模型可以有效地描述原型的本质特点，以及各组成成分和要素之间的关系，从而帮助人们更好地理解原型。比如，细胞膜的流动镶嵌模型（图1-3-1）就很好地描述了细胞膜的组成成分，以及其具有一定流动性的结构特点、选择透

过性的功能特点等。

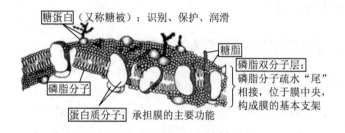

图 1-3-1　细胞膜的流动镶嵌模型

（二）解释功能

模型作为科学解释的一种工具，可以将逻辑、证据和现有知识关联起来，然后对认识对象的因果联系、结构与功能属性以及起源和发展做出一定的合理说明。模型解释的对象更多的可能是一个过程、观点、想法、定律和原理等，比如孟德尔基因分离定律和基因自由组合定律的遗传图解、达尔文自然选择学说的解释模型等。图 1-3-2 是现代生物进化理论的解释模型。

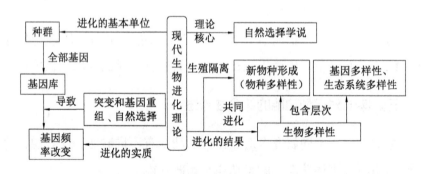

图 1-3-2　现代生物进化理论的解释模型

（三）预测功能

模型的预测功能说的是通过研究模型可以做出有关原型的未知属性、事实的推测。在模型的抽象化过程中，常常舍去原型的具体特征，突出原型的本质，所以模型突出地反映了认识对象的本质属性和主要特征。模型同时还贮存着原型的信息，因而使用模型容易发挥推理和想象的力量,能够突破现有条件的限制,为研究提供方向,引导人们从"已知"推测"未知",做出科学预见,形成科学发现。

模型的预测功能主要体现在科学知识的发展过程中。从认知规律角度审视,模型是科学研究的核心工作,而基于模型的科学研究是推动科学知识发展的动力,是人们不断地构建模型、修改模型甚至完全推翻原有的模型再重新构建新的模型的过程。当一个科学模型成为科学范式的时候,它会直接推动和发展科学家的认知,并且使他们倾向于通过此模型来预测和发现新的事物和理论。其实,模型的预测功能还表现在通过研究模型来发现事物的发展趋势和发展规律,从而预测事物将来的发展状态或者预测新事物的产生。比如,门捷列夫通过研究已经发现的元素发现了元素周期律,制作了元素周期表模型,并预见了当时并未发现的元素。后来这些元素逐渐被找到,其预测也得到证实。

第二节 模型构建的心理学分析

生物学教育心理学是生物学教育理论的一个分支。运用生物学教育心理学的原理,对学生在生物学建模教学活动过程中的心理活动进行分析,是构建生物学建模教学模式的科学依据。

一、生物学建模的动机

生物学建模动机是激励学生进行生物学建模活动的心理因素,是推动学生运用所学生物学知识通过建模解决实际问题的原动力。这种原动力与外部动机及内部动机密切相关。

(一)外部动机

教师在生物学教学活动中重视生物学知识应用和建模的教学工作。学生在这样的教学活动中经历了生物学知识应用与建模的过程,感受到了生物学知识应用于实际的意义。教师为学生创设的生物学建模的环境与条件，以及在教学中对学生提出的各种要求（如调查所学某一生物学知识在生产生活中的应用；又如就某一个实际情境进行生物学分析等）就形成了学生的生物学知识应用与建模的外部动机。

（二）内部动机

著名心理学家皮亚杰曾说过，所有智力方面的工作依赖兴趣。建立生物学建模的兴趣是学生参加生物学建模活动的积极心理倾向。对生物学学习有困难的同学，显然对生物学建模没有兴趣。生物学成绩优秀的学生，由于当前高考的压力以及个人爱好的不同，对生物学建模也不一定就很感兴趣。兴趣的不同形成了学生参加生物学知识应用与建模活动积极性的差别。但是，如果教师在平时的生物学教学中，注意营造用一些生物学知识去解决某些生产、生活问题的教学氛围，那么这对于培养学生生物学知识应用与建模的兴趣无疑具有积极的促进作用。

中学生兴趣爱好广泛，在科普读物中可能阅读到和生物学知识应用与建模有关的内容，并对其产生兴趣。或者从同龄人（本校的或外校的）参加的生物学知识应用与建模活动中受到启发，获得自己认知结构中所没有的有关生物学知识应用与建模的新信息，由此产生一种好奇心，产生想进一步了解它的愿望，并且产生自己也想用所学过的生物学知识去解决实际问题的需求。这就是对生物学建模产生了兴趣。建模兴趣是建模内在动机的重要来源，是建模动机中最活跃的成分。

建模内部动机的另一重要来源是成就动机。有的学生出于对生物学学习的爱好，有一种把生物学学好的认知心理需求。学生处于"学习任何一门知识都是为了运用这些知识于实际"的境地，从而产生一种学习如何运用生物学知识于实际的认知心理需求。这种认知心理需求是成就动机的组成部分之一。

有的学生由于在教师的教学活动中参加过一些生物学知识应用

与建模的活动，尤其是有的学生在以往的生物学知识应用与建模活动中取得了一些成绩，对生物学建模有了切身的体验，获得了一些建模的成功或失败的经验。学生能够发现身边的实际问题并用自己掌握的生物学知识解决实际问题，在这一过程中克服重重困难后终于成功甚至受到表彰，由此在心理上获得一种满足感，这是学生继续参与生物学知识应用与建模活动的新的动力，由此产生的自我提高的需求是成就动机的又一组成部分。

在长期的教学活动中，师生之间产生了一种情感。教师的教学教育行为对学生而言具有相当的吸引力，教师对生物学知识应用与建模的积极态度深深影响着学生。学生喜欢哪一位教师，就会努力为学好这位老师的课而下功夫。另外，任何一个人做事总有希望得到认可的心理。学生在参与建模活动时，希望自己的能力得到老师和家长的赞许，得到同学们的赞扬，这种情感因素在一定程度上也是学生参与建模的内部动机的组成部分。除此之外，建模活动中同学之间合作学习，形成一种互相激励的机制，对激发并保持建模内在动机所起的作用也是不可忽视的。

（三）外部动机与内部动机的关系

外部动机与内部动机是相互联系、相互补充，并可以互相转化的。学生在外部动机作用下，完成教师布置的生物学知识应用与建模的任务、正确回答教师提出的问题或对实际情境中的数量关系做出合理的解释，逐渐产生了建模的兴趣，此时外部动机就转化为内部动机。相对而言，外部动机是短暂的，其作用是有限的；而内部动机是持久的、强烈的。事实证明，仅靠建模的外部动机，学生生物学知识应用与建模活动不能顺利长久地开展下去，也不可能取得良好的成果。只有不断激励并保持学生建模的内部动机，建模活动才能良性地开展下去。

（四）如何激励并保持学生的建模动机

为激发并保持学生的建模动机，教师在教学活动中应做到以下几点。

1. 创设问题情境，激发求知欲，培养兴趣

教师在生物学知识应用与建模教学活动中，应注意创设丰富、生动的问题情境，并用富有感染力的教学语言激发学生的求知欲，培养学生的建模兴趣。

2. 防止焦虑

学生参加生物学知识应用与建模活动，会遇到各种各样难以预料的困难和挫折，比如：学生发现不了生活中的生物学问题；面对实际问题情境不能理顺其生物学关系；对于提出的问题，学生已有的生物学知识和方法不够用；社会调查中没有得到调查对象的积极支持；建模计算没有得到理想的结果等。当困难一个接一个不断出现时，学生可能会束手无策，进而在心理上产生一种紧张、担心、害怕的情绪，导致在做了大量工作之后却没获得成功。由此，学生会怀疑自己参加生物学建模的初衷和自身建模的能力。这些紧张、担心、害怕、怀疑都是焦虑心理的表现。一定的焦虑能促进学生建模的积极性，但是高度的焦虑会导致建模动机的动摇和遗失。为此，教师在建模活动中，要时时关注学生建模工作的进展、学生思想的动态等，有针对性地鼓励学生迎接困难和挑战，给学生提供一些解决困难的具体帮助和建议。

3. 及时评价，激励成就动机

每一位参加建模的学生自然都有对于成功的期盼。教师要关注学生的建模工作，及时进行评价，及时肯定学生好的想法和做法，肯定学生工作中取得的成果，同时建设性地帮助学生指出建模中存在的问题。这种及时、恰当的评价，有助于激励学生建模的成就动机。

第三节　建模中的观察与思维能力

观察和思维是生物学知识应用与建模活动中的重要个性心理特

征。这些能力因人而异，但都在建模活动中表现出来，同时也在建模活动中得到培养。

（一）观察能力

观察是人们认识世界、增长知识的重要手段。建模活动中问题的提出、变量的筛选、生物学模型的建立和识别、规律的发现等，都需要进行反复认真的观察。而思维和想象、模型的计算也都以观察为基础。"观"即"看"，"观察"则不是随便"看"，而是有目的地"看"。"观"只能看到事物的表象，"观察"才可能看到表象后面的东西，才可能深入事物的内部。

在生物学建模活动中观察什么，怎么观察，这些是增强学生的观察能力所要解决的问题。观察必须要服从观察者的主观目的，否则只能是"观"而不可能是"观察"。面对一个实际问题情境时，要观察的是空间形式和数量关系。首先观察全局，了解问题情境呈现了一些什么现象，在此现象中有哪些因素在相互作用和相互影响，哪些因素可以用数量来描述，其中哪些是常量，哪些是变量。其次观察哪些量彼此相关，是一种什么关系。在确定了研究对象之后，则要深入某个局部，侧重观察研究对象与哪几个量有关，其中对研究对象影响较大的量有哪几个。我们通过调查掌握了一些数据之后，要观察这些数据是怎样变化的，有无规律可循、是什么规律，等等。

（二）思维能力

思维主要是生物学思维，它贯穿于生物学知识应用与建模活动的始终。思维大致分为两个阶段：第一阶段，一般是形象思维的初级阶段。在这一阶段，对观察到的材料加工、整理，并将感知到的数量关系及结构或空间形式翻译成生物学的语言（符号语言、图形语言、表格语言、算法语言），也即用符号、表格、图形等生物学的方式去描述观察感知到的材料。第二阶段，一般是逻辑思维阶段和形象思维的高级阶段。将所感知到的材料与自己已有的认知结构相比较，根据观察感知到的材料的性质与特点，将问题归类，确定建模的方向，创造性地建立生物学模型，确认是函数、方程模型，还是不等式模型，是差分模型还是图表统计模型。与此同时选择解决问题的具体方法。如果观察感知到的数量关系或结构特征在已有的认知结构中没有结合点，也就是说，学生已有的生物学知识和方法不足以研究、解决所面临的问题，此时则需要学习新的知识和方法，或者重新观察、分析材料，进一步抓住主要因素，舍去次要因素，进一步简化问题，形成新的认知，在一个新的层面上重新建模并求解。

学生在生物学知识应用与建模活动中的观察与思维，是在学生本人的认知结构、生物学素养、生物学知识和方法的基础上进行的。因此，对同一个问题情境的观察、思维，不同的学生可能会提出不同层面的问题，建立不同的生物学模型。

第四节　建模的实践价值

以模型渗透的教育意义主要体现在学生可以借助模型对生命现象做出解释并理解科学知识，通过模型对科学探究做出猜测并理解科学认知，凭借模型对科学本质做出判断并理解模型功能。越来越多的国家将模型引入课程，旨在借助模型加深对事物的理解，引导人类学会运用模型来解释客观事物发展和运转的方式。

（一）实践意义

1. 表征个人的知识

思维建模的方式有很多种，包括语义网络、概念图、知识图谱、意象图式等，当前最为流行的是思维导图。学生通过绘制思维导图或语义网络等方式，模拟自身所存储的思维中的知识结构，一方面有利于进一步梳理个人的系统知识与经验，反思个人思维形成的过程，另一方面也有利于个人用可视化的方式来表征个人的内部认知结构，为深层理解、深度学习奠定基础。

2. 完善知识的构建

知识的构建是指人在一定的情境之下，面临新事物、新现象、新问题、新信息时，根据情境中的线索，调动头脑中事先准备好的多方面、多层次的先前经验，来解释这些新信息、解答这些新问题，并赋予它们意义。而学生借助教师所创设的情境与提供的建模工具，在解决问题的过程中，进一步积极调整与修改自我的概念模型结构，并通过多种形式的认知呈现，丰富和拓展内部的认知概念模型的意义，从而实现知识的进一步系统化构建。

3. 实现学习的迁移

学习的一个重要目的是帮助学生形成终身受用的关键能力和必备品格，其中知识迁移是一种重要的学习能力，而指向问题解决的思维建模方式能帮助学生形成在其他任何情境下灵活应用、转变或改造相关知识的能力，从而实现学习的迁移。表征个人的知识、完善知识的构建、实现学习的迁移的过程都是学生主动完成的，同时随着在不同情境下解决问题能力的增强，学生能进一步感受到学科知识运用的意义，从而形成真正意义上的价值认同。

（二）建模的心理过程

建模的过程不是一个套用定义、定理和公式的简单过程，而是在解决问题中，建立学习历程的一种心理过程和创造过程。在生物学建模活动过程中，学生必须有自己独到的见解，用自己独特的方法去解决问题，这对于学生本人而言是一个创新过程。因此，学生生物学建模的心理过程与创造活动的心理过程大致相同。英国心理学家瓦拉斯认为创造活动的过程包括准备期、酝酿期、豁朗期和验证期。生物学建模的心理过程也如是。

1. 准备期

准备期即提出问题阶段。在这一阶段，学生要认真阅读背景材料的文字说明，感知材料所反映事物的数量关系、空间形式、结构及特征，进行分类、类比、归纳或者演绎、分析与综合，为进一步建模做好准备。而当学生欲从生产、生活实际中自主地选择、确定研究课题，通过生物学建模进行微型科研时，面对丰富多彩的外部世界，学生首先要通过自己的各种感官认真地观察发生在身边的事物和现象，认真听取有关说明，广泛收集相关材料和数据，阅读相关资料，感知并捕捉事物的数量特征、空间形式及其相互关系，据此探索并提出问题。

2. 酝酿期

根据第一阶段提出的问题，学生要认真分析问题的特点及已掌握的条件，挖掘背景材料中隐含的信息，明确目标，进一步有目的、有针对性地查找资料。在这一阶段，问题的背景材料虽然具有直观性，但是由于背景材料的丰富性，再加上人与人的求知欲、观察能力和思维能力以及参与建模的积极程度的差异，相当多的学生，特别是首次参加生物学建模的学生，往往不能顺利地捕捉到背景材料中所隐藏着的量、量的变化以及量与量的关系，甚至提不出问题。这正是学生在建模的第二阶段普遍会遇到的认知心理障碍。

3. 豁朗期

豁朗期即提出假设，着手寻求解决问题的途径并考虑解决问题办法的阶段。学生在酝酿期的基础上提出假设，即根据自己对问题的见解提出解决问题的可能途径，用生物学的图表、文字或符号表述，而得到一个已经脱离实际背景的纯生物学问题——生物学模型，并进一步制订解决问题的方案，运用已有的生物学知识和方法，充分利用现代信息技术着手解决问题。由学生个人独到的见解而形成的解法显然具有明显的个性特征，因而是独特的。

事实说明，由于学生对信息材料掌握和理解的偏差，对问题的认识不准确或解题方案设计得不合理，或者由于学生在计算、信息技术的操作上的技术性原因，求解的结果并不理想，甚至与自己的设想大相径庭。此时，学生须回到建模的起点即第一阶段，重新做起。

4. 验证期

验证期是指对豁朗期求解获得的成果，结合问题实际背景做出解释，并在实践中检验这个成果的合理性和用于解决实际问题的可行性，对于不足的地方做出补充改进，对于错误的地方进行勘误修正，最后得出对整个实际问题研究的结论的阶段。

以上仅对生物学建模过程中的4个主要方面进行了心理分析。教师自觉地进行这种分析，可以使建模教学的教学设计更有针对性，建模教学重点、难点的设定更准确，教学目标转化为行为目标时更具有可操作性，因而更容易落实。以心理分析为依据，教师对学生在建模活动中可能产生的心理障碍做到心中有数，才能更好地把握对学生建模活动指导（个别的或集体的指导）的"时"和"度"，才能更有效地开展生物学建模的教与学。

主题二
生物学模型构建教学

【哲学基础】真正的理解是与事物怎样运作和事情怎样做有关的,真正的理解必然是跟动作相联系的,将立足"行动"的学习与不确定情境中的探索联系在一起。正是情境内在独特的、积极的不确定性,才能使探索存在,并激励和指导着探索。

【心理学基础】人的知识是在知性范畴与感性材料相结合的基础上构建的,由此突出了人作为认知主体的能动性。概念的形成正是基于知觉材料与超越知觉范围的逻辑数学结构的结合。因此,知识是一种结构,然而,若离开了主体的构建活动,就不可能有知识的产生。

第一章 建模式教学的理论基础

【概述】 建模式教学的理论基础是建构主义,其属于科学思维范畴。杜威指出了思维的工具性,并提出思维起始于"疑难境地、问题识别、大胆假设、严谨推理、细心求证"的"思维五步法",从而揭示了建模式教学的逻辑和认识活动的基本步骤。

第一节 建模式教学的哲学基础

一、维柯的"新科学"

建模式教学的哲学基础是建构主义,作为一种学习的哲学,其渊源至少可以追溯到 18 世纪文艺复兴时代意大利哲学家、语言学家詹巴蒂斯塔·维柯(Giambattista Vico)。维柯从哲学传统出发,认为人类完全不同于其他动物,使人类独一无二的是人类的文化。因此,历史是最伟大的科学,历史涉及的是人类的自我创造过程。只有通过历史,我们才能认识到我们的社会是如何被创造出来的;也只有通过历史,我们才能了解人类是如何塑造自身的。1725 年,他出版了一本名为《新科学》的书。该书在当时并未受到重视。然而,这确实应该是学术界的一件大事。维柯在他的"新科学",即"人的物理学"中,以其深邃的洞察力指出,即使在原始社会,原始人对世界的反应也不是幼稚、无知和野蛮的,而是"富有诗意"的。他认为,人与生俱来有一种本能的、独特的"诗的智慧",指引着他们以隐喻、象征和神话的形式对周围环境做出反应。他认为,在推理能力最薄弱的人们那里,我们才发现了真正诗性的词句。这种词句必须表达最强烈的热情,所以浑身具有崇高的风格,可引起惊奇感。由此,维柯指出,"诗性智慧"是世界各民族最原始的、最本原的智慧,这种智慧的特点是强烈的感受性和广阔的想象性。因此,对神话恰如其分的解释可以被看成是"最初一些民族的文明史"。显然,维柯的"新科学"表明,文明社会确实无误地是由人类创造出来的,社会的各项原则可以从人类自身心灵的变化中发现,而这一创造社会的过程也创造了人类自身。正是由于人类通过历史创造了社会,同时塑造了自己,因此,永恒的人性是不存在的,每一种文化都必然关系人类的创造。正是从这个意义上,维柯曾经指出,人们只能清晰地理解他们自己建构的一切。也正因为如此,当今激进的建构主义的主要代表人物冯·格拉塞斯费尔德(Von Glasersfeld)称维柯为"18世纪初建构主义的先驱"。

二、康德的"哥白尼式的哲学革命"

从哲学角度追溯建构主义根源,最值得一提的是近代德国著名哲学家伊曼努尔·康德(Immanuel Kant)对理性主义与经验主义的综合。在近代,人类的发展已经进入发现、研究、认识各类事物的一般性、普遍性的时代。近代哲学不再像古代哲学那样,试图通过直观的思维形式去解决世界的多样性问题,去包罗宇宙万象。然而,近代哲学的进步导致了近代经验论与唯理论的严重对立。前者局限于经验范围,最终导致大卫·休谟(David Hume)的怀疑论和不可知论;后者脱离经验,按照数学方式或逻辑推理,最终导致戈特弗里德·莱布尼茨(Gottfried Leibniz)的"独断论"。经验论与唯理论的争论为近代哲学的思辨性提供了营养,并成为哲学觉醒的动力。康德的所谓"哥白尼式的哲学革命",正是建立在对近代经验论和唯理论的认真考察与思辨相结合的基础上的。笔者认为，康德的"哥白尼式的哲学革命"集中地体现了主体能动性的思想。正是哥白尼的"日心说"启发康德确立了"对象必须与认识符合"的根本原则，创建了以主体能动性为中心的批判哲学。因此，康德哲学的价值就在于全面提出了主体性问题以及他对主体性的主观结构（理性的内化、理性的凝聚、理性的积淀）方面的分析。它们作为主体性的普遍形式，正是人类群体超生物族类的确证。在个体心理上，这一普遍形式是以不断开拓和丰富自身的创造性心理功能而成为"自由直观（以美启智）""自由意志（以美储善）"和"自由感受（审美快乐）"的。在认识论领域，康德洞察到经验论与唯理论的片面性，提出"先天综合判断"的基本命题，试图对近代认识论进行"综合"，同时也对科学独立的可能性进行论证。他通过对"综合与分析""先天与后天""主体与客体"以及"感性、知性、理性"认识形式的区分与研究，试图展现主体的内在矛盾性（主体的有限性与无限性、功能与实在、先验与经验、超越与限制等矛盾），揭示认识的双向性运动——人在认识世界的同时认识自身，人在建构与创造世界的同时建构与创造自身。

作为德国古典哲学家中第一个强调并系统论证统一性、人的主体性和自由本质的学者，康德将现象界定为本体界，从而限定了知识与必然性的范围。这样的界定与限制，实际上正是为人的主体性的弘扬与自由本质的揭示留有发展的余地。他关于统一性的理论则是为了说明一个真正的人或者人的主体性的本意在于：人是一个包括美和统率着各种自然科学知识的自由的最高统一体，这样的统一体也就是一个道德行为的主体。

三、杜威的经验自然主义

建构主义思潮的支持者们在回顾20世纪建构主义思潮的渊源时，都十分重视约翰·杜威（John Dewey）的影响。作为20世纪美国最负声望的实用主义哲学家与教育家，杜威受实用主义和生物进化论的影响，把经验看作现实世界的基础。杜威全部哲学的出发点就是试图运用新的经验方法取代二元论的非经验方法。他认为，传统哲学的非经验方法割裂了客体与主体、心与物、经验与自然的联系，造成认识上的片面性。他主张运用经验方法确立经验与自然、主体与客体、精神与物质之间的连续性，并将它们作为一个统一的整体加以认识。为此，杜威重新对"经验"进行了解释。他认为，经验包括经验的事物（经验的主体或有机体所面对的对象或环境），即人们做些什么、遭遇什么、追求什么、爱什么、相信和坚持什么；经验还包括能动经验的过程（主体对对象所起的作用），即人们怎样生活、怎样操作和怎样经历各种事件，以及人们的观点、信仰和想象的方式等。总之，经验的对象和经验的过程两者是不可分割的，是一个统一整体，这正是经验所包含的"两重意义"。这是因为在经验范围内，经验与自然、主体与客体、精神与物质不是对立的，也不是各自独立存在的。它们是作为统一的经验整体中具有不同机能的特性而存在的。显然，在杜威看来，经验是一个兼收并蓄的整体，是经验者与被经验的对象的相互作用，或者说是有机体与环境的相互作用。杜威强调，只有经过了与人这种有机体相互作用的自然，才是经验。由此，杜威认为，真正的理解是与事物怎样运作和事情怎样做有关的，真正的理解必然是跟动作相联系的，因此，经验的中心思想应该是主体有目的地在选择对象的基础上的主观"创造"。由此出发，杜威特别强调经验的能动性，认为经验是由现在伸向未来的过程，是对现有事物的一种改造。杜威的这种经验主义并不满足对过去事实的重复，而是确认了经验以及整个认识是一个能动与发展的过程。由此，他将立足"行动"的学习与不确定情境中的探索联系在一起。正是情境内在独特的、积极的不确定性，才能使探索存在，并激励和指导着探索。杜威主张教育基于行动。知识和思想只能形成于这样的情境。在该情境中，学习者必须使自己摆脱曾经对他们有意义且十分重要的经验。而且，杜威指出，这些情境必须发生于一定的社会背景之中，学习者在其中创建学习共同体，并在该共同体中一起建构他们的知识。基于有关经验的认识，杜威指出了思维的工具性，并提出思维起始于"疑难境地、问题识别、大胆假设、严谨推理、细心求证"的"思维五步法"，从而揭示了科学发现的逻辑和认识活动的基本步骤。在此基础上，杜威认为，最广义的教育就是人性的改变，为此在教育的实施中，应采取民主的"协商、交涉、交流、理智协作"的办法，创设良好的文化与心理氛围，解决冲突，促进发展，培养和谐的人性。

第二节 建模式教学的心理学基础

在追溯建模式教学的哲学基础——建构主义的渊源时，我们注意到，20世纪对建构主义思想的发展做出重要贡献并将其应用于课堂和儿童的学习与发展中的学者，当首推心理学界的巨人让·皮亚杰（Jean Piaget）和列夫·维果茨基（Lev Vygotsky）以及后继者美国心理学家杰罗姆·布鲁纳（Jerome Bruner）。

（一）皮亚杰的结构与建构观

杰出的发生认识论者皮亚杰从哲学认识论和生物学两个方面开始了他一生的学术生涯。在从事测验工作的过程中，皮亚杰发现了儿童个体实际的思维（认知）过程和新的实验方法——"临床谈话法"。前者成为联结认识论与生物学的"桥梁"，后者则使研究者通过与儿童无拘无束的谈话，保持研究过程的自然状态和儿童思维的本质。新的内容与方法的获得，促使皮亚杰确立了学术生涯总的方向。

根据皮亚杰自己的解释，发生认识论就是心理学与认识论的相加，也就是立足儿童心理学去研究认识论问题。发生认识论的着眼点是主体的逻辑数学结构，但是不存在无客观内容的纯逻辑数学结构，同样，也不存在不隐含某种逻辑数学结构的纯物理知识。皮亚杰对广义物理知识与逻辑数学结构关系的概述，完全符合康德关于经验知识与知性范畴关系的叙述。皮亚杰的这一立场直接来自康德。对此，皮亚杰曾说过，是他把康德的知性范畴拿来重新考察，从而形成了一门学科——发生认识论。皮亚杰从康德的认识论中获得的另一重要思想是有关结构与建构的观点。康德提出的知性范畴本身，就是知识的形式框架和结构，而人的知识是在知性范畴与感性材料相结合的基础上建构的，由此突出了人作为认知主体的能动性。在皮亚杰那里，知性范畴被冠以"逻辑数学结构"之称。在涉及概念形成的条件时，皮亚杰认为，概念的形成正是基于知觉材料与超越知觉范围的逻辑数学结构的结合。因此，知识是一种结构，然而，若离开了主体的建构活动，就不可能有知识的产生。不过，自称为"积极的康德主义者"的皮亚杰，并没有全盘接受康德有关范畴的先验观点，而是力求从儿童的生活中去寻求范畴，即逻辑数学结构生成的源头，并主张在人的感性的主客观相互作用的活动基础上，即从活动-动作的角度去解决认识的发生问题。由此，皮亚杰提出了有关人的认知发生的双向建构论——一方面人的建构活动产生了以逻辑范畴为代表的人类智慧的基本结构，另一方面广义的物理知识也正是在建构活动中生成的。

  虽然皮亚杰早期的工作是在生物学领域中进行的，但是他一生中的大部分时间都致力对认知结构的发生学研究。在这一时期，他与他的同事们主要研究了学习的机制，并将注意力放在产生新的建构物的过程上。在这些研究的基础上，皮亚杰提出，以平衡作为解释学习的机制。他认为，结构是在建构中形成的，也就是说，任何结构都不能与建构相分离。他相信，人是一种不断发展的有机体，这不仅表现在物理和生物方面，而且表现在认知方面。为此，他把有机体视作一个整体系统、一种结构，其情感、认知和身体的发展是不可分割的建构物。他认为，与平衡在生物演化中所起的作用一样，平衡同样是促进认知变化的机制。皮亚杰将平衡描述为一种动态的过程，认为它包括均衡着内部两种相反行为的自我调节行为——同化与顺应。同化是指通过自身的逻辑结构或理解，对经验进行组织。这是个人的一种自我肯定的倾向，是通过自己的建构去审视世界，以维护作为整体系统的一个组成成分的人的自主性的倾向。在认知的发展中，同化是指个体将感受到的刺激纳入原有图式的过程。随着认知的发展，人的同化形式会逐渐复杂化，即经历从再现性同化、再认性同化到概括性同化的转变。皮亚杰也曾经说明，在搜寻新知识时，新的经验常常会跟原有的行为发生矛盾，在这种新情境中，有机体总是试图重新建构先前的行为以保持它的机能。这种过程就是通常迫于环境的影响与压力导致结构的失衡而产生的顺应。顺应是指有机体通过调节自己的内部结构以适应特定的环境刺激的过程，它通过反思、整合以达到对自我与客体的双重建构，从而使我们能够根据相关的认知平衡发挥作用。显然，同化与顺应是个体认知发展的两个彼此联系的主要过程。同化是量变过程，它引起的是图式的生长，主要指个体对环境的作用；顺应是质变过程，它引起的是图式的发展，主要指环境对个体的作用。同化与顺应之间的均衡可称为平衡。理解平衡最重要的就是将它理解为动态过程，而不是静态过程。平衡并不是先同化、再冲突、然后顺应的序列过程，而是不断升级的平衡，是适应与组织、生长与变化的动态性相互作用的过程。

综上所述，我们认为，皮亚杰的结构概念中隐含着建构的思想。作为认知心理学新结构主义范式的代表，皮亚杰否定了结构的先验性，而将认知结构的起源问题作为认知发生论的研究对象，提出结构产生于动作，认知结构产生于"同化于己"和"顺应外物"的主客体相互作用的活动的观点。此观点中已经隐含着"动作内化"和"图式外化"的两极转化。1936年，在《儿童智力的起源》一书中，皮亚杰首先提出有关内化与外化的双向建构的思想。次年，在《儿童对现实的构造》一书中，这一思想得到进一步的阐明和系统化。皮亚杰明确指出，儿童关于现实的概念不是一种"发现"，而是一种

"发明"。这意味着,"概念"既不预成于内,也不预成于外。不过,皮亚杰对建构主义思想的全面系统的论述,则主要反映在他最后 10~15 年(20 世纪 60—70 年代)的著作中。由此,皮亚杰将同化、顺应的格式(即图式)理论进一步发展成包括内化与外化的双向建构的理论,即动作和运算内化以形成认知结构,而业已形成的认知结构运用于、归属于课题,以形成广义的物理知识的结构。前者为内化建构,后者为外化建构。随着建构的发展,内化与外化建构这两个过程的相互关联日益紧密,而且,它们各自制约着对方所能达到的水平。皮亚杰借助下列图式说明双向建构的全过程(图 2-1-1)。

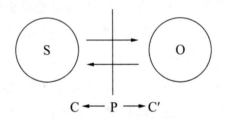

图 2-1-1　皮亚杰的双向建构过程

上图中:

S:主体;

O:客体;

箭头:主客体相互作用;

|:相互作用的接触区域;

C:主体动作协调的中心区域;

C′:客体的固有本质;

P:主客体相互作用是在最远离主体中心与客体中心的边缘区域;

C←P:内化建构过程或内部协调过程;

P→C′:外化建构过程或外部协调过程;

C←P→C′:内化建构与外化建构的双向过程。

（二）维果茨基的心理发展理论

苏联杰出的心理学家维果茨基有关人的心理发展的研究结果，对于理解建构主义也是十分重要的。20世纪70年代末，布鲁纳等美国教育心理学家将维果茨基的思想带到美国，形成于不同背景下的学术思想发生碰撞，对产生于西方的建构主义思想的进一步发展起了推动作用。

在维果茨基所处的时代，心理学界占主导地位的是热衷于刺激-反应理论模式的行为主义学派，其代表人物有美国的约翰·华生（John Watson）、爱德华·桑代克（Edward Thorndike）以及苏联生理学家伊万·巴甫洛夫（Ivan Pavlov）等。与此同时，欧洲国家，尤其是德国，兴起了与行为主义完全不同的"格式塔"心理学派。然而，维果茨基却敢于面对人所特有的真实的、复杂的心理现象，大胆地指出，当时盛行的各种心理学理论都不能成功地解释人的高级心理机能。为此，区分人的低级心理机能与高级心理机能，成为构建维果茨基心理发展理论的一块重要基石。面对人的心理现象的全部真实性与复杂性，维果茨基一方面力求摆脱庸俗的行为主义观的束缚，另一方面则努力克服对心理现象的唯心主义的理解。为确定"意识"的研究对于心理学的重要意义，以及客观地研究人的心理特性，他提出了理解人的意识的形成与心理发展的文化历史原则，要求从历史的观点而不是抽象的观点，在社会环境及与社会环境作用的相互联系之中而不是在社会环境之外，去研究意识与心理的发展。

维果茨基有关人的心理发展的文化历史理论的一个重要假设：人的心理过程的变化是以特殊的"精神生产工具"为中介的，其中最重要的就是各种符号系统，尤其是语词系统。例如，在早期，人类为了帮助记忆，将打绳结、做砍痕符号等作为辅助记忆手段。起初，人改变的似乎只是外部物质，但随后，这些变化便作用于人的内部心理过程。人的心理过程受这些特殊中介工具的特性影响。人能够在改变环境的同时，调控自己的行为和心理过程，从而使自己的行为具有理性和自由度，人也由此形成了有别于其他动物的高级心理反应形式——意识。据此，维果茨基及其同事通过一系列研究，初步揭示了人的心理发展的两条彼此联系的一般规律。

（1）人所特有的受中介工具影响的心理机能不是从内部自发产生的，它们只能产生于人们的协同活动和人与人的交往之中。

（2）人所特有的新的心理过程结构，最初必须在人的外部活动形成，随后才有可能转移至内部，内化为人的内部心理过程的结构。

从上述两条规律中可以得出这样一个原理，即新的心理过程结构的构成与心理过程的联系之间，存在着双重依存关系：一方面，心理过程间的联系是新的中介心理过程结构产生的结果；另一方面，在各心理过程间的联系发展的同时，各心理过程结构自身也必然发生变化。这一原理对于心理活动基本形式的发生、分析具有特别重要的意义。维果茨基所揭示的心理发展的规律与原理，针对当时有关心理过程的一次性定性和不变性的观点，反映出了另一种动态的观点，该观点表明，心理机能本身产生于人的心理发展过程之中，并随着心理生活形式的复杂化而改变机能之间的关系。这对于推动心理科学的发展具有重要意义。这些规律与原理的另一个重大意义在于：明确提出了"意识"问题的研究应作为心理科学头等重要的基本问题。

维果茨基认为，意识是人所特有的最高级水平的反映形式，意识问题是有关行为结构的问题，意识从来都是某种整体。意识与高级心理机能之间的关系是整体与部分的关系。不过，意识不仅具有机能结构，而且具有意义结构。"机能"与"意义"在不可分割的联系之中，分别从心理形式与心理内容出发去探索意识问题。为了建立唯物主义的意识心理学理论，维果茨基及其同事采用了新的研究方法——因果发生分析法，试图把握心理发展过程的动态性、变化性。同时，维果茨基还从"意识是统一整体"的观点出发，用"单元分析法"取代了传统的"要素分析法"。

维果茨基生前十分重视心理科学的基础理论研究与应用研究的

密切结合。他认为，只有通过在生活中各个领域的应用，心理学才能获得真正的科学依据。这一观点引导他在深化心理学研究的过程中，最终进入了儿童智力与学校教学的关系问题的研究领域。他针对当时已有的有关教学与发展互不相干的观点、将教学与发展混为一谈的观点以及对上述观点简单地兼收并蓄等现象，提出了在教学与发展之间存在着复杂关系的命题。在以这种复杂关系为对象的研究中，维果茨基指出，儿童的全部心理生活是在交往过程中发展的，而表现为合作的教学正是最具有计划性与系统性的交往形式。正是这种教学促进儿童心理的发展，并创造出儿童全新的心理活动形式。这是因为，儿童今天不能独立完成的事，往往有可能在教师与伙伴的帮助下完成，而明天他就能自己独立完成。由此出发，他首先确定了儿童心理发展中的两种水平——"现有发展水平"和"最近发展区"。由维果茨基首先确认和提出的"最近发展区"概念，强调着眼于"最近发展区"的教学在发展中的主导性作用，揭示了教学的本质特征不在于"训练""强化"业已形成的心理机能，而在于激发、形成儿童目前尚未成熟的心理机能。因此，教学应该成为促进儿童心理机能发展的决定性动力，只有走在发展前面的教学才是好的教学。以有关儿童的日常概念与科学概念的研究为例，有关"最近发展区"的概念表明，儿童是在摆脱日常概念和成人概念的"张力"中学习科学概念的。如果仅仅将源于成人世界的预成的概念呈现给儿童，那么其就只能记忆成人有关这一想法所说的一切。为了将这一想法占为己有，成为自己的财富，儿童必须利用这一概念并将它与首次呈现给自己的想法联系起来。同时，日常概念和科学概念之间的关系并不是一种线性发展的关系。取代先前概念以及引入科学概念是交织在一起、彼此影响的，它们发生在儿童根据自己早已有的概括和他人早已介绍给自己的概括产生自己的想法的过程中。为此，在西方，大多数学者视维果茨基为社会建构主义者。

(三) 布鲁纳——认知革命的倡导者

布鲁纳是20世纪50年代认知革命的倡导者。他与其他心理学家以及来自哲学、历史、语言学、人类学等其他领域的学者一起试图将"人的高级心理过程"重新纳入人类科学的研究轨道，并将"意义""意义的建构"确立为心理学的中心概念。这是针对长期以来影响心理学发展的行为主义和客观主义发起的一次深刻而彻底的革命。尽管这场革命并不一帆风顺，但是它对心理科学、教育科学以及教育实践的影响是深远的。正是在这一条漫长而坎坷的认知探索的道路上，布鲁纳对人类知觉的特性、概念的获得以及思维过程和直觉的作用进行了全面的研究，并为建立认知心理学的理论体系做出了贡献。作为教育心理学家，布鲁纳主张直接进入学校去研究儿童。他强调，教育心理学不是普通心理学的应用或停留于对教学现象的单纯解释，教育心理学的主要课题应该是研究人的形成，为此，应该直接对教育中存在的问题做深入探讨。后期，在反思认知探索因技术化和计算机化而在一定程度上背离初衷的同时，他急切地呼吁，认知探索应重回对意义建构问题的研究。由此，他对人类文化心理、民族心理进行探讨，试图揭示人类特有的心理规律。在涉及教育问题的研究中，他在20世纪70年代学者们研究的基础上，集中论述了文化环境对教育的影响，探索文化、预言、价值以及法律对人类智力成长的影响。为此，在美国教育界，布鲁纳与杜威相提并论，一些人认为，布鲁纳是自杜威以来第一个能够对学者们谈论智育的人。美国有教育家甚至认为，布鲁纳已经以实验方式解决了杜威所提出的某些尚未清晰化的哲学观念。

布鲁纳的学习理论包括以下几个基本观点。

(1) 知识是由概念、命题、基本原理及其彼此之间的相互联系组成的，这就是知识的结构。促使认知发展的学习应该以学习"学科知识的结构"为主要任务，帮助学生在知识的整体与局部、本质与现象的联系之中掌握知识。

（2）学习是由学生的内部动机，即好奇心、进步的需要、自居作用以及同伴间的相互作用驱动的积极主动的知识建构过程。该过程包括新知识的获得、知识的转换与知识的评价。

（3）在继承与发展皮亚杰的认知发展理论的基础上，布鲁纳提出了儿童认知发展的动作表征、图像表征与符号表征阶段。这表明，儿童的认知发展不是联想或刺激-反应联结的逐渐增加，而是在结构上迥然不同的阶段性的质变过程。更重要的是，他指出，发展的这些阶段并不一定与年龄相关，它因受环境的影响而具有一定的流动性。可见，这一观点隐含着先天与后天、主观因素与客观因素、个别差异与性别差异对认知发展阶段以及相应的不同认知表征方式形成的影响。

（4）由学生自身的认知需要以及内部动机启动的学习，应该是一种对未知知识的探索与发现过程，为此，布鲁纳提出了发现学习的策略，鼓励学生模仿科学家的科研活动方式，在学习过程中凭借自己的努力去探索和发现未知领域。在此基础上，学习才有助于学生智慧潜力的开发、内在动机的强化以及掌握解决问题的方法与策略，形成师生合作的良好关系。

（5）在反思有关分析思维研究的基础上，布鲁纳注意到以往被忽视的直觉思维形式。他认为，与分析性思维不同，直觉思维活动倾向于以对整个问题的内隐的感知为基础。在探索与发现过程中，直觉思维有助于对不确定情境中事物整体性的直接感知。这种直觉思维常常是突发的、飞跃的，难以用语言表征，往往采用图像表征，以并行方式同时呈现事物的各要素，从而迅速把握事物的整体和本质。显然，直觉思维有助于人们创造性地发展。由此，布鲁纳提出，在发现学习中，应帮助儿童将科学家和逻辑学家的分析思维与人文学者和艺术家的直觉思维结合起来，通过发现学习的策略，促进直觉思维的发展，达到直觉思维与分析思维互补。

（6）学习是一种认知探索的过程，它需要学习者思想开放，即能从多重观点中建构知识和价值，同时又能对自己的观点和价值承担责任。总之，布鲁纳建构主义学习理论的一个主要命题是：学习是一种积极的过程，学习者在该过程中，依靠自己现在和过去的知识建构新的思想和概念。学习者依靠某种认知结构完成选择、转换、获得和评估信息的工作，从多种角度建构假设并做出决策。形成与发展中的认知结构（或图式、心智模式）为经验提供了意义和组织，并使个人能"超越给予的信息"。

布鲁纳有关学习的上述假设，为基于认知研究的教学提供了一个一般框架。布鲁纳认为，教学理论应包括四个主要方面：

（1）学习前的准备；

（2）为学习者能尽快掌握知识而采用的建立知识结构的方式；

（3）呈现材料的最有效的序列；

（4）学习和教学过程中奖励与惩罚的本质和步调。

他认为，一种好的建立知识结构的方式应有利于概念的掌握、命题的生成以及信息的处理。20世纪80年代后期至90年代初，布鲁纳进一步扩大他的理论框架，将学习的社会与文化方面的内容囊括其中。他认为，就教学而言，教师应努力鼓励学生自己去探索原理。教师和学生应该进行积极对话（即苏格拉底式的学习）。教师的任务是将学习信息转换为适合学习者目前理解状态的格式，课程应该以螺旋方式组织。这样，学生就能依靠他们早已学过的知识进行建构。

由此可概括出布鲁纳有关教学的基本原理。

（1）教学应重视能使学生自愿学习，并在学习过程中形成学习的能力和经验；

（2）教学必须是结构化的，即按螺旋方式组织教材，以方便学生对知识的掌握；

（3）教学设计必须有利于学生对知识的外推，以弥补新旧知识之间的缝隙，即教学应该帮助学生超越给予的信息。

第二章 建模式教学的实践

【概述】从"建模"与"学习"两个概念的联系上来看,"建模"作为"学习"的载体,驱使着"学习"沿着客观认知发展的轨道,培育学习者获取解决问题的高阶能力;而"学习"作为"建模"的动力,又驱使着"建模"在尊崇生命价值的轨迹上,引导学生深层次理解生命的本质。

第一节 建模式教学的实践基础

从"人本位"的哲学思辨和认识论视角探讨培育学生生物学核心素养的实践路径,本质上凸显了社会主义现实教育改革的底色。以此为纲,苏州市吴江区"建模式教学(中学生物)"工作室跨省与东北师范大学生物学部、上海市青浦区进修学院联合,集中调研和开展了"中学生物学模型构建教学的实用性研究"项目(下文简称"模型构建研究")。本研究立足基层教育端,从人的价值理念、个性发展、主体地位等角度,深度剖析新教育理念的革新、科学性思维的创新和一线教学路径的创生。

(一)模型构建研究的国内外现状分析

1. 国外研究综述

世界上很多国家应用模型作为工具进行科学教学。早在19世纪中期,英国就将模型应用于课堂教学中,19世纪中后期,美国和日本也陆续将模型教学引入到课堂教学中。在国外，很多教育研究者都大力提倡模型教学，他们认为，通过构建模型、分析模型、验证模型、应用模型，学生可以加深对科学过程和科学教学目的的理解。他们的研究主要关注模型的基本理论、模型的教学方法和教师自身的模型专业知识方面的成长。在生物学科，模型构建教学的研究不多。根据研究切入点的不同，研究划分为以下四个方面。

第一种是基于模型功能的研究，该研究领域以朱莉娅·斯沃博达（Julia Svoboda）和辛西娅·帕斯莫尔（Cynthia Passmore）为代表。他们在大学生物课堂中进行实践研究，发现在生物学教学中使用模型构建教学，应该基于模型不同的功能展开，才能达到教学目标。

第二种是基于物理模型构建理论开展生物学模型构建教学的研究，以艾瑞克·伯尔（Eric Brewe）和塞斯·曼泰（Seth Manthey）为代表。他们在现有的物理模型教学理论上进行修改，提出"具体模型—基本模型—理论结构"的教学模式，并在大学生物课堂进行实践教学，发现该教学模式对于促进学生理解生物学知识是有效的。

第三种是利用计算机软件开展模型构建教学的研究。该研究的理论基础是美籍奥地利生物学家路德维希·冯·贝塔朗菲（Ludwig Von Bertalanffy）所提出的"一般系统论"，即生物学中小到细胞，大到生物圈，都是复杂、开放、动态的"系统"。为了理解这些"系统"，一般采用建立模型的方法。而一般的模型构建对动态性的系统（如生态学知识）反应特性较差。因此，有学者提出运用计算机构建动态模型，帮助人们理解复杂的生物系统。现有许多用于生物学模型构建教学的计算机软件，如Model-it、IQON等，针对不同年级的学生，教师有不同的选择。

第四种是模型构建教学的案例研究。把生物学知识作为研究模型构建教学的案例，具体地探讨模型构建教学的开展，具有很强的实际操作性。

综上所述，目前国外学者们从不同的角度对生物学模型构建教学进行了研究和探讨。这些研究成果可以为我国生物学模型构建教学的开展及研究提供参考。

2. 国内研究综述

早在新中国成立之初，模型就以挂图、实物模型的形式出现在教学中，用于帮助学生理解抽象、微观的知识。但模型在教学中的应用价值并没有得到教育工作者的充分认识，因此关于模型教学的研究历史并不长。直到2003版《普通高中生物课程标准（实验）》的颁布，其中明确提出，获得生物学的基本事实、概念、原理、规律、模型等方面的基础知识。模型作为知识和能力目标引起了众多教育工作者的注意，与模型教学相关的研究如雨后春笋般出现，目前主要有以下三个方面。

（1）模型构建在初、高中生物学教学中的现状调查及建议。通过调查发现，模型构建教学的开展情况不乐观，流于形式的现象严重，学生运用模型的能力较低，建议应该充分利用模型资源，使用模型方法，开展模型活动加以改善。

（2）模型构建教学的实践研究。通过教学实践发现，模型构建是学习生物有效的方法，能够调动学生学习的兴趣，帮助学生突破重难点的学习，整合生物知识和框架，促进学生认知水平的发展，适用于新课和复习课的教学。

（3）模型（主要是物理模型）资源的挖掘和优化。自制教具能够挖掘新的模型教学资源，提高学生学习生物的兴趣、培养学生的动手能力的同时，促进教师教学素养的提高。

（二）模型构建研究的价值性分析

从"建模"与"学习"两个概念的联系上来看，"建模"作为"学习"的载体，驱使着"学习"沿着客观认知发展的轨道，培育学习者获取解决问题的高阶能力；而"学习"作为"建模"的动力，又驱使着"建模"在尊崇生命价值的轨迹上，引导学生深层次理解生命的本质。"建模式学习"以磨合、渗透、整合、重构的方式，实现了多学科、多知识的整合与融合，拓展了教学资源、完善了知识体系，使学习跳出了传统学习模式范畴，为研究学习方式变革提供了有益的探索和借鉴。基于核心素养的学习方式变革，需要建构一个更平衡、更综合的评价体系。这样的评价体系应当能很好地体现核心素养所描绘的学习结果，尤其是那些高阶思维和复杂的认知能力以及在新的情境中解决问题的能力等关键学习结果。这一系列的学习表征诉求，完美地契合了建模式学习的建构理论及学习特质。其核心是让学习者勤于思考、锻炼开发能力和自主学习能力。该学习模式完全超越了传统的只重"双基"的笔墨测验，因为其过程不是强灌、强输，而是以学习的本质为出发点，基于学习者的经验系统，渗透新信息，最终完成认知重组、转换或者改造的过程，而在此期间一切问题都是由学习者来解决的。

　　生物学模型构建的教学旨在面向全体学生，倡导探究性学习，注重通过生活模型来搭建朴质现实与抽象思维之间的联系。注重以学生为主体，强调将认知及反思过程还给学生，将参与探究的机会还给学生，将动手和动脑，培养主动获取新知识的能力、批判性思维的能力、分析和解决问题的能力以及交流与合作的能力的机会还给学生。这种学习模式因基于学生的亲身体验、生活认知而发生，故能充分调动学生学习的主动性和积极性。生物学模型构建的教学以概念、物理、数学三大模型为学习载体，通过从生命观念、社会责任、生活体验、跨学科渗透四个方面构建学习路径，实现了核心素养的落地、高阶思维的培育以及立德树人的化育。生物学模型构建的教学以科学思维为土壤，扎根其间汲取营养并寻求开枝散叶。生物学模型构建教学的评价体系端，注重社会责任意识流的渗入，将眼光更多地凝聚于挖掘社会热点，比如以垃圾分类、雾霾产生及其危害、生态城市创建与保持、长三角生态观、绿水青山等为题材，开展建模式学习活动，以期让学习者具备解决生产生活问题的担当。

第二节　建模式教学的实践调查

基于以上现状，对生物学模型构建开展调查研究，在培养学生科学思维的路径、拓展生物学教学的维度、培养学生的深度学习方面，具有重要的研究意义。

（一）准备工作

1. 调查目的

（1）以新教材为基础，深入研究并列举出模型在其间的形态、结构及功能。

（2）以新课标为指引，深入研究解决目前教学方式的弊端，积极开展建模式教学。

（3）初步了解高中生物学模型构建教学的现状，为优化策略的产生提供现实依据。

2. 调查内容

（1）教师对模型的认识、对模型教学的重视情况、模型教学的实施频率。

（2）学生对模型的认识、对模型构建的重视情况。

（3）师生在模型教学中遇到的问题及解决方案。

3. 调查对象

苏州区域和上海区域各中学高一及高二一线教师和在读学生，其中，教师41名，学生480名。

4. 调查方法和工具

本研究主要运用问卷调查方法，通过对调查样本的问卷进行了解，对结果进行分析。其中，对苏州区域和上海区域教师生物学模型构建的调查通过网络进行。本调查所有问卷都采用匿名填写的方式。调查之前都强调了本调查的结果不会影响对调查对象工作的评价，以此来减少教师心理因素对结果的干扰。

对苏州区域和上海区域不同中学在校学生采取网络调查，以此尽可能减少其他因素对调查的影响。本调查所有的问卷都采用匿名填写的方式。调查之前都强调了本调查的结果不会影响学校、教师对调查对象的看法与评价，以此来减少学生心理因素对结果的干扰。

（二）实施过程

1. 对高中生物教师生物学模型构建现状的调查分析

（1）教师调查问卷设计。

本次问卷调查的目的是通过分析调查问卷所显示的数据，调查教师对生物学模型教学的了解情况以及教师模型教学专业发展情况。

（2）问卷编制。

调查高中生物学模型教学现状的调查问卷，主要包含6个维度，总共有25道选择题，其中，15道单选题，10道多选题。调查问卷题目的具体分布情况见表2-2-1。

表 2-2-1　高中生物学模型构建教学教师调查问卷的维度

主要调查内容	涉及方面	对应题号	题目类型
高中生物学教师	性别、年龄、教龄 学历、专业、职称、 学校	1、2、3、4、 5、6、7	单选
对生物学 模型概念的认知	对生物教学模型的了解 对数学模型的了解 对物理模型的了解 对概念模型的了解	8、18、 19、20	单选、多选
对生物学 模型教学的了解	利用模型构建进行教学 课堂效率 培养学生生物建模能力 常见模型归纳 模型应用情况	9、10、11、 16、17	单选
教师教学模型 专业发展及案例情况	生物学模型教学培训 模型教学公开课案例	12、13、14、 15	单选

续表

主要调查内容	涉及方面	对应题号	题目类型
生物学模型构建教学的实施	生物学模型构建的重要环节 生物学模型构建的有效手段 开展模型教学的方法 影响模型教学的因素	21、22、23、24	多选
生物学模型构建的建议	开展模型构建教学的措施	25	多选

(3) 教师调查问卷结果及分析。

① 高中生物学教师基本情况。

本次教师的调查问卷对象是苏州区域和上海区域内高中生物学教师。将 45 份电子问卷随机发放，共回收 41 份（皆有效），回收率达到 91.11%。相关教师信息如下。

第 1 题：您的性别？从调查问卷结果（图 2-2-1）可知，女教师人数明显多于男教师，其占比高达 80.49%。

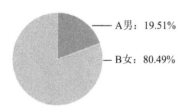

图 2-2-1　性别比例

第 2、3 题：您的年龄？您的教龄？从图 2-2-2 中可知：参与调查的大部分高中生物学教师属于中青年教师，教龄较长、教学经验较丰富。

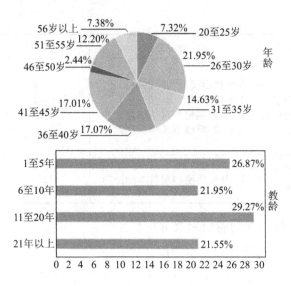

图 2-2-2 年龄分布和教龄分布

第 4 至 7 题：您的最高学历？您第一学历对应专业是否为师范专业？您的职称？您工作的学校属于什么性质？从图 2-2-3 中可知：苏

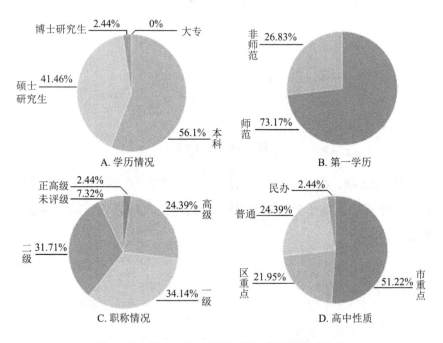

图 2-2-3 学历、第一学历、职称情况及高中性质

州区域和上海区域高中生物学教师大部分具有研究生及以上学历、师范类专业背景、中级及以上职称,所教学的学校大部分为区重点高中,50%以上属于市重点高中。这些教师大多数在教学一线工作多年,有着丰富的教学经验和独特的教学风格,有助于生物学模型构建调查的开展。教师熟悉教育教学理论,反映出教师的理论基础比较深厚,与他们接受过正规的师范教育有关,这有助于他们成为优秀的生物学教师。

② 教师对生物学模型概念的认知。

第8题:您了解生物学教学中的模型应用吗?从图2-2-4中可知:有29.27%的教师表示非常了解,58.54%的教师表示比较了解,其余教师不太了解或不了解。苏州区域和上海区域大部分高中生物学教师对生物学模型概念有所了解,我们又通过访谈的方法进行追踪,访谈10位不同教龄和单位的教师,得到答案:他们基本知道生物学模型包括的类型,但具体的内容还有待确定,尤其教学方面应用还不是很多或者不知道自己是否将生物学模型应用到实践教学当中,不能很好地在教学实践中体现出来。这与调查问卷数据基本吻合。

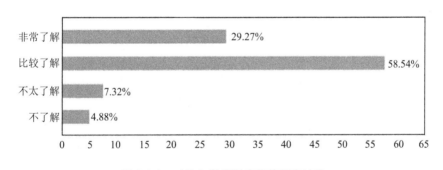

图 2-2-4 对生物学模型应用的调查结果

第18题:您认为下列哪些属于数学模型?从图2-2-5中可知:判定"酶活性受温度影响曲线图"和"自由组合定律棋盘"属于数学模型的占比为73.17%,判定"光合作用方程式"和"细胞周期图"属于数学模型的占比仅为51.22%和53.66%。

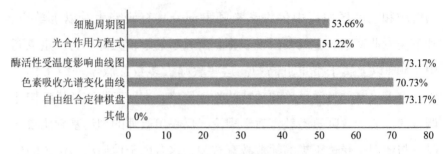

图 2-2-5　判定属于生物学数学模型的调查结果

通过以上分析可以看出，教师对数学模型的认识并不深，教师在实际课堂中并不关注数学模型。大部分高中生物学教师对教材中的数学模型认识不完全，分类不是很清楚，对数学模型认知只局限在较浅的层面。教师平时不太关注数学模型，只对教材中明确标出的数学模型才有认知能力。我们通过访谈 10 位不同教龄和学校的教师发现，其实大家平时在教学中能应用数学模型开展教学活动，但是并不能确定这是否是数学模型或者到底是什么性质的数学模型。这与调查问卷的最终数据基本吻合。

第 19 题：您认为下列哪些属于物理模型？从图 2-2-6 中可知：判定"DNA 的双螺旋结构""组织器官立体模型""生物膜镶嵌模型"属于物理模型的占比都超过 70%，判定"内环境模式图"和"泥塘生态系统图"属于物理模型的占比仅为 31.71% 和 41.46%。

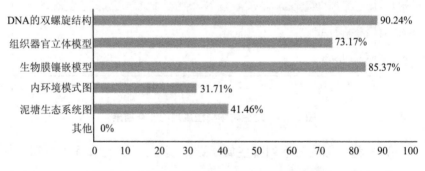

图 2-2-6　判定属于生物学物理模型的调查结果

通过以上分析得知，教师对必修教材的物理模型构建了解较好，对选修及扩展知识掌握程度不深，只局限于课本教学，对衍生知识能力迁移应用较差。大部分生物教师对静态物理模型、动态物理模型比较了解，但对内环境模式图、泥塘生态系统图了解就不充分。我们通过访谈得知，沪教版和人教版生物学教材对这方面知识不太涉及，设为选修部分，这是教师对此部分模型构建认知欠缺的原因。

第20题：您认为下列哪些属于概念模型？从图2-2-7中可知：判定"中心法则""三大营养物质转化"属于概念模型的占比为85.37%，判定"新物种形成"属于概念模型的占比为70.73%，判定"孟德尔分离定律"和"内环境"属于概念模型的占比仅为63.41%和56.10%。

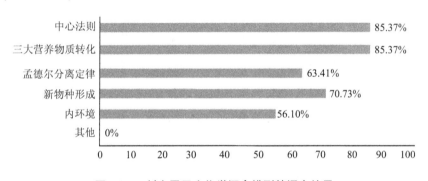

图 2-2-7　判定属于生物学概念模型的调查结果

从数据可以看出，大部分教师对概念模型掌握较好。通过对10位不同教龄和学校教师进行访谈得知，在教学过程中，概念模型的应用较多并且容易开展教学活动。

总之，教师对生物学模型构建有所了解，对具体的数学模型、物理模型和概念模型分类也能简单区分，但对具体知识体系及模型类型的划分、对教学实践中模型的应用还很欠缺，尤其沪教版教材改革以后，新教材内容新颖，内容难度提高，涉及知识体系增多，更需要教师对教材中的模型进行归纳总结，通过科学的模型构建教学方法，将模型应用于教学实践当中。

③ 教师对生物学模型教学的了解。

第9题：您愿意花费时间在课堂上利用模型构建进行教学吗？调

查显示，大部分教师还是比较愿意在课堂上花费时间构建模型的，但是又怕这种教学形式的内容学生不能很好地应用和理解，耽误教学进度安排。

第10题：您认为引用模型会提高课堂效率吗？85.37%的教师认为模型可以有效提高课堂效率，14.63%的教师认为偶尔提高。在教学过程中应用生物学模型构建方式达到教学目标，开展教学活动有利于学生对知识的学习。

第11题：您认为培养学生建模能力重要吗？63.41%的教师认为非常重要，34.15%的教师认为比较重要，2.44%的教师认为不重要。学生建模能力的培养有利于课堂效率提高。

第16题：在您的教学过程中，哪些模型最常见？第17题：您在课堂上使用过哪些模型？85.37%的教师选择了概念模型，82.93%的教师选择了实物模型，53.66%的教师选择了物理模型，51.22%的教师选择了数学模型，9.76%的教师选择了其他。大部分教师认为数学模型和实物模型（物理模型）在教学应用中比较常见，但是数学模型这种信息数据处理的模型很少见。

④ 教师教学模型专业发展及案例情况。

第12、13、14、15题，针对苏州区域和上海区域进修学院、学校及教研组对高中生物学教师的生物学模型构建方面研讨活动及教学培训进行调查。

第12题：贵校组织过教师参加相关模型构建培训吗？从图2-2-8中可知：17.07%的教师经常接受相关培训，39.02%的教师偶尔参加培训，31.71%的教师从没参加过培训。从调查结果可知，针对教师生物学模型构建的培训很少，并且教学应用也不是很多。通过对10名不同教龄和学校教师访谈得知：平时教研教学在生物学模型方面的探讨基本为零，或者教师在教学操作中应用后却不知道这属于生物教学模型构建，没有统一的培训或研讨活动。

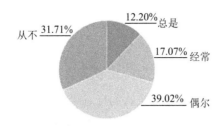

图 2-2-8　教师接受模型结构培训的调查结果

第 13 题：您听过利用模型构建教学的公开课吗？43.90%的教师经常听，46.34%的教师偶尔听。从数据可知，大部分教师还是听过模型构建的公开课的，尤其在生物新教材实施以来，苏州区域和上海区域开展的高中生物公开课大概有 10 节，其中 4 节课教学环节涉及了生物学模型构建，从新课到实验课，教学方法得到改进，教学水平得到提高。

第 14 题：如果开展模型构建教学培训，您愿意参加吗？43.9%的教师非常愿意参加培训，53.66 的教师愿意参加培训，2.44%的教师不清楚是否愿意参加培训。苏州区域和上海区域高中教师愿意通过参与培训的方式培养自己的教学能力，使生物学模型构建应用到教学当中，更好地提高课堂教学效率，有助于学生更好地学习生物学知识，并利用科学的学习方法，打造思维创新能力。通过对 10 名不同教龄和学校教师的访谈得知：大部分教师希望以邀请专家讲座、公开课或研讨会活动的形式，进行生物学模型构建教学能力的培训。

第 15 题：您认为开展模型构建培训有必要吗？43.90%的教师认为非常必要，48.78%的教师认为必要，2.44%的教师认为没有必要，4.88%的教师认为不清楚。从以上数据得出，大部分教师还是认为模型构建的培训是非常必要的。

⑤ 生物学模型构建教学的实施。

第 21 题：您认为所进行的模型教学中哪些环节比较关键？

第 22 题：依据您的教学经验，以下哪些是比较有效的教学手段？

第 23 题：实际教学中，您经常使用哪些方式开展模型教学？

第24题：在实际的教学中，影响开展模型构建的教学因素有哪些？

90.24%的教师认为建立模型比较重要，78.05%的教师认为分析模型比较重要，75.61%的教师认为应用模型比较重要，85.37%的教师认为通过探究活动构建模型较好，78.05%的教师认为通过课堂活动构建模型较好，85.37%的教师认为教师引导学生构建模型较好，75.61%的教师认为学生学习困难是影响模型构建的因素，但68.29%的教师认为自身经验不足也是关键。从生物学模型构建教学实施中我们发现，教学手段单一、教师经验不足及学生对模型理解困难是阻碍模型构建的关键因素。如果想更好地开展模型构建教学，要从三个方面着手：第一，教师和学生应具备模型构建的基本认知能力；第二，教师应处理好教学安排与模型构建之间的时间关系，将模型构建应用于教学当中；第三，学生主动利用模型构建解决学习中的问题，获取知识。

⑥ 生物学模型构建的建议。

第25题：下列哪些措施有助于开展模型构建教学？80.49%的教师选择建模指导，78.05%的教师选择教研组交流切磋，65.85%的教师选择学习与模型构建相关的教学理论，63.41%的教师选择需要提供建模资源，如图2-2-9所示。

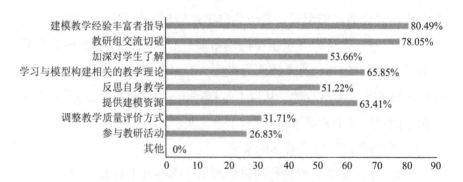

图2-2-9　有助于开展模型构建教学措施的调查结果

2. 对学生生物学模型构建现状的调查分析

(1) 学生调查问卷设计。

利用调查问卷的方法，了解学生在生物学习过程中对生物学模型、建模的认知以及概念模型、数学模型和物理模型学习行为情况。

(2) 问卷编制。

调查高中生物学模型教学现状的调查问卷主要包含6个维度，总共18道题，其中有11道单选题、5道多选题、2道填空题。调查问卷题目的具体分布情况见表2-2-2。

表2-2-2 高中生物学模型构建教学学生调查问卷的维度

主要调查内容	涉及方面	对应题号	题目类型
高中学生	性别、年级、学校	1、2、3	单选
对生物学模型的认知	了解生物学模型 生物学模型课堂应用 生物学模型对学习的提升	4、5、6、 7、8、18	单选 填空
对建模的认知	是否参与模型构建 模型构建对学习的帮助及训练	9、10、11	单选
对生物学 模型学习行为	模型构建在课堂的应用	12、13、14 15、16、17	多选 填空

(3) 样本信息。

本次学生调查问卷的对象是苏州区域和上海区域的各个学校学生，采取随机网络调查形式，共发送480份问卷，回收480份（皆有效），回收率为100%。

(4) 学生调查问卷结果及分析。

① 高中学生基本情况。

问卷调查结果显示，参与问卷调查的对象男女比例相近，男生48.54%，女生51.46%；44.38%的学生分布在高一，55.63%的学生分布在高二；学生分布在全区各个中学，其中，55.63%的学生分布在市重点高中，26.25%的学生分布在普通高中，18.13%的学生分布在区重点高中，见表2-2-3。

表2-2-3 调查的对象及其相应属性

调查项目	年级人数比例		性别比例		高中办学性质		
	高一	高二	男生	女生	市重点	普通	区重点
结果	44.38%	55.63%	48.54%	51.46%	55.63%	26.25%	18.13%

② 学生对生物学模型概念的分类与认知。

你了解生物学模型吗？51.05%的学生对生物学模型还是了解的，6.04%的学生不了解。从数据可以得知，大部分学生在课堂学习过程中接触过生物学模型方面的建模思维训练，但是并不是很全面。

老师上课会用到生物学模型讲解吗？32.71%的学生表示经常在课堂上遇到老师用生物学模型教学，43.33%的学生表示偶尔遇到，17.71%的学生表示很少遇到，6.25%的学生表示从来没有遇到。从数据得知，教师在课堂上对生物学模型教学应用较少，学生建模能力培养有限。

你认为老师在课堂上注重能力训练还是答题训练？74.17%的学生认为两者兼有，但是随后访谈发现，课堂上对模型构建方面的训练很少。

你认为增强生物学模型能力有必要吗？40.42%的学生认为非常有必要，49.17%的学生认为有必要，1.46%的学生认为没有必要，8.96%的学生不确定。从数据可以看出，学生对生物课堂建模有极大需求。

你愿意老师在课堂上使用模型教学吗？53.13%的学生非常愿意老师在课堂上使用模型教学，41.04%的学生愿意，仅有1.04%的学生不愿意和4.79%的学生不确定。从数据可以看出，绝大多数学生愿意教师在课堂上通过生物建模教授生物知识。

高二学生选做题：请你仔细辨析下列模型，根据提示完成归类。

A	光合作用方程式	I	内环境模式图
B	酶活性受温度影响示意图	J	泥塘生态系统图
C	色素吸收光谱变化曲线	K	中心法则
D	细胞周期图	L	三大营养物质转化
E	自由组合定律棋盘	M	孟德尔分离定律
F	DNA分子双螺旋结构模型	N	新物种形成模式图
G	组织器官立体模型	O	内环境稳态图
H	生物膜镶嵌模型		
Ⅰ	上述选项中,属于数学模型的是		
Ⅱ	上述选项中,属于物理模型的是		
Ⅲ	上述选项中,属于概念模型的是		

对于选项Ⅰ,其调查结果见表2-2-4。

表2-2-4　对数学模型判定的调查结果

选项结果	ABCD	BCD	ABCDEK	EK	AD	不知道
频次	27	25	9	6	8	10

从选做题目可以看出,选ABCD的频次达到27,大部分学生认为属于数学模型的有:光合作用方程式、酶活性受温度影响示意图、色素吸收光谱变化曲线、细胞周期图。回答"不知道"的频次达到10。从数据可知,部分学生还是不明白什么知识点属于数学模型,对知识体系认知还是不明显。

对于选项Ⅱ,其调查结果见表2-2-5。

表2-2-5　对物理模型判定的调查结果

选项结果	FGH	CD	EFGHI	ABC	DEF	不知道
频次	34	8	6	6	8	11

从选做题目可以看出,选FGH的频次达到34,大部分学生认为属于物理模型的有:DNA分子双螺旋结构模型、组织器官立体模型、生物膜镶嵌模型。这反映出大多数学生对物理模型构建掌握得比较

准确。

对于选项Ⅲ，其调查结果见表2-2-6。

表2-2-6 对概念模型判定的调查结果

选项结果	MN	MNO	IJKLNO	LKJMNOAD	DKFGLM	不知道
频次	4	3	7	1	1	11

从选做题目可以看出，"不知道"的频次为11，IJKLNO的频次为7，从数据可以看出，大部分学生对概念模型不了解。

③ 学生对建模意义的认知。

你愿意参与模型构建过程吗？48.33%的学生非常愿意参加，44.58%的学生愿意参加，2.51%的学生不愿意，4.58%的学生不确定。从数据可以看出，92.91%的学生有意愿参加模型构建。

生物学模型对生物学习有帮助吗？45.96%的学生认为对生物学习很有帮助，44.67%的学生认为有帮助，8.33%的学生认为有一点帮助，1.04%的学生认为没有帮助。90.63%的学生认为在课堂中渗透模型有利于知识学习。

你愿意教师对你进行模型构建训练吗？44.79%的学生非常愿意，44.58%的学生愿意，7.92%的学生比较愿意，2.71%的学生不愿意。89.37%的学生期待有模型构建培训。

笔者认为，教师在教学过程当中适当地加入模型构建思路和方法，更有助于激活学生对生物学学习的兴趣。例如，利用纸片搭建DNA分子双螺旋模型，利用思维导图构建知识框架，利用线形图分析温度、pH和酶活性之间的关系，将复杂、抽象的知识点简单化，培养这种建模思维能力和意识。

④ 学生对生物学模型构建课堂应用情况。

你认为下面哪些模型可以在生物学课堂上应用？75.21%的学生选了数学模型，78.96%的学生选了物理模型，88.96%的学生选了概念模型，22.29%的学生选了其他。从数据可以看出，学生认为数学模型、概念模型和物理模型在课堂上都可以很好地应用。

你认为老师在生物学课堂上使用过哪些模型？45.63%的学生表示老师在课堂上使用了数学模型，54.79%的学生表示使用了物理模型，72.29%的学生表示使用了概念模型，23.96%的学生表示没有使用模型。

你认为教师在课堂上引入模型会起到什么作用？调查结果见表2-2-7。

表2-2-7　将模型引入课堂的调查结果

选项	调查结果
有利于学生形成清晰的生物学概念	94.79%
有利于培养学生的想象力和创造力	86.25%
有利于培养学生的科学精神和学科素养	80.42%
增加学习乐趣	87.29%
提高学习成绩	62.08%

大部分学生认为教师在课堂上进行模型构建有利于学生形成清晰的生物学概念，有利于培养学生的想象力、创造力、科学精神和学科素养，增加学习乐趣。

你更喜欢教师的哪些教学方式？调查结果见表2-2-8。

表2-2-8　喜欢教师教学方式类型的调查结果

选项	调查结果
开发生物学模型资源教学	80.63%
多利用多媒体教学	81.88%
开设模型构建专题课	63.75%
强化与生物建模能力的相关训练	68.33%
多使用探究式教学方式	74.17%
其他	2.92%

从调查结果中可知：80%的学生更希望教师在课堂教学过程中开

发生物学模型资源教学和多利用多媒体教学。

实际教学中，你的教师经常使用哪些方式开展模型教学？调查结果见表2-2-9。

表 2-2-9　教师常使用的模型教学方式的调查结果

选项	调查结果
合作探究构建模型	69.58%
教师引导学生构建模型	74.38%
展示建模问题，学生小组合作解决问题	68.33%
讲解典型案例，学生变式做题	75.63%
学生自学	28.54%
其他	3.13%

从调查结果中可知：实际教学中，教师经常使用合作探究构建模型和引导学生构建模型的方式开展模型教学。

总之，从调查数据得知，高中学生认可生物学模型的价值，但是对生物学模型认知比较浅薄，学生建模和应用模型意识较差。

第三节　建模式教学的实践调查结果与总结

（一）结果

1. 教师对生物学模型构建有所了解，但关注程度并不高，理解程度并不深

这主要是由于应用新教材的教师所占比例较低，并且新教材应用不久，可供一线教师参考的具体实施案例较少，使得一线教师对新教材实施的操作性降低。绝大多数教师采用传统的教学方式，而较少利用到新课标中要求的教学资源，使得课程标准实施的环境欠佳。

2. 在课堂教学中，生物学模型构建的应用不多，案例较少

通过调查报告得出，教师在课堂教学中对生物学模型构建不多，对概念模型、数学模型和物理模型知识构建不完全，访谈中发现，有

经验的老教师会在课堂中渗透建模思想，在教学中创设情境、不断改变情境，培养学生分析迁移能力，在分析问题时要求学生把握主要矛盾等。但大部分青年教师，缺乏实际教学经验，针对模型构建的一线教学案例也较少，尤其教材改革后，基本为零。

3. 一线教师渴望模型构建方面理论和实践的培训

青年教师对课标有所关注，他们也了解模型构建有利于生物学教学活动，提高教学质量。但是如何开展模型构建，把握课堂教学时间和效率，完成教学任务，加强学生模型构建思维能力培养等，这些都需要加强课堂理论和实践方面的培训。

4. 模型教学能够加强教与学的联系，利用内容新颖的新教材，结合在线教学效果显著

2021年第一学期开设的公开课涉及生物学模型构建，包括物理模型、数学模型和概念模型。2022年下学期，由于疫情，进行在线教学。在"转录和翻译"教学部分，学生利用生活中的材料，构建转录和翻译模型，清晰地将抽象的知识具体化，更好地对知识进行掌握。

（二）总结

1. 教师是优化生物学模型构建教学的关键因素

教师的教学态度和热情会影响学生的求知欲望。具有求知热情的教师相信自己所做的事情是有意义的，值得去孜孜不倦地追求，并在教学过程中感染学生，唤起学生对知识的兴趣和求知信念，让学生全身心投入学习。教师的教学能力是教师进行高效教学的核心能力。在生物模型教学中，教师的认识能力、设计能力和组织能力显得尤为重要。首先，教师要对课程内容和教学目标有充分的认识，灵活选择相应的内容进行生物模型教学。其次，设计能力包括教学设计能力、选择与运用教学策略、实施教学评价的能力等。生物模型教学应是一个从实际生活实践到感性认识再到理性认识的过程，在教学设计上要注重方法教学，强调分析、综合、抽象、概括等思维过程。再次，

生物模型教学还注重在建模活动过程中掌握模型构建的方法，这就需要教师组织好课堂纪律，让模型构建有条不紊地进行。

2. 模型构建记录表的填写和评估是优化生物模型教学的动力支撑

学生初学模型知识、掌握模型方法时，在大脑所形成的暂时联系是不稳定的，需要经过不断的"同化"和"顺应"，是一个循序渐进、反复巩固的过程。要保证学生对模型法的熟练掌握，就要持续性地对学生进行模型法的训练，并且记录学生的掌握情况。模型构建记录表不仅记录了学生建模的步骤，还根据教师展示的评价标准对各小组的模型进行评分。通过比较前后几次模型记录表的得分，学生可以更直观地感受自己取得的进步或者更及时地纠正自己认识的误区。模型得分和记录表的得分等数据，能反馈教师生物模型教学的成效，有助于进一步完善和改进教学过程。

3. 小组合作学习是优化生物模型教学的最佳形式

生物学模型构建时，学生更需要教师的帮助，更需要教师的组织、管理和教师的情感投入，因此，需要小组合作学习这一形式来弥补班级授课制下人数过多的缺陷。小组合作学习可提高学生的参与度，让学生之间在模型构建活动中互教互学、彼此交流，这个过程直接作用于学生的认知发展，通过情感因素促进学生认知的发展以及非认知品质的提高。

4. 整合课程资源是优化生物模型教学的有力保证

生物学模型构建教学是一个渐进的过程，学生对模型法和建模思想的掌握也要经过反复的强化训练，才能内化成自己的认知图式。但在人教版高中生物教材中，模型法的课例并不是集中分布的，这就需要教师灵活地整合课程资源来实施教学，促进学生的建模能力和建模思维不断提升。因此，教师要分析教材和课程的特点以及学生的学情，整合课程的顺序，选择适合的多种模型构建活动，优化教学过程，提高教学效益。

第三章 生物学模型构建教学的实践路径

【概述】建模式教学是培育学生高阶思维的一种模式。从建模式教学的序列向度、价值引领审视，建模式教学具有引领生物学核心素养落地的潜质。基于建模式教学架构下的体验馆、手工坊、实习场等教学场所，具有激发学生产生学习动点、聚焦学习视点、深化学习转点的教学特质。

建模作为一种现代科学认知手段和思维方法，所提供的观念和印象，不仅是人们获取知识的条件，而且是人们认知结构的重要组成部分，是逻辑方法的一种特有形式。建模就是把研究对象（原型）的一些次要的细节、非本质的联系舍去，借助学习者贮备的旧知识，尝试将新信息进行科学地整合和表征，从而以简化和理想化的形式去再现原型的各种复杂结构、功能和联系，最终实现高阶思维的过程。因为通过建模可以帮助人们理解他们无法直接观察到的事物，故建模已经成为现代科学思维的重要方法之一，甚至有人认为建模是现代科学方法的核心。依托建模活动开展教学是学生理解生物学的一把钥匙。新课程标准及教材中丰富的模型呈现就已昭示，建模不仅是一项技能目标，而且是学生必备的一种生物学素养。

第一节 序列向度：创设教学范式寻深化

人类面对的是一个无限广阔和无限丰富的客观世界，其中能够直接观察实验研究的客体只占少数,大多数对象都需要采用间接的研究方法来获取,而建模就从属于后者。建模的历程有三种方式:第一,将建模视为"序列式学习步骤",根据明显的规则选择或使用模型;第二,将建模视为"学习一种新的语言",对现象的描述提供另一种想法;第三,将建模视为"整合性的推理过程",配合类比、视觉化、思考实验等方法,将日常问题的表征做进一步创造与转换。因此,建模历程具有序列性,属于一种平台,赋予整合性的推理过程,将学习者生活体悟的心智模式转换成科学模型,进而完成高阶思维的深度推进。以高阶思维的培育为目的,开展建模式教学,其核心思维方式有量化与分析、解释与评估、归纳与推理。

量化与分析:从初始模型构建的角度来看,量化与分析常利用数学的关系模式(如直方图、图表、单双曲线等),来量化初始模型的精准度。精准的量化方式能决定教学者用何种分析手段,围绕发生的现象进行科学判断、学术探讨,继而得出合理的初步形态,获取研究对象应有的独特属性和性质,为下一步更好地建模奠定基石。

解释与评估:从建模式教学向纵深发展的角度来看,当实施者提出的假说与推测在模型构建中发生交互作用时,则需要借助归纳与推理,梳理模型结构与现象之间的关系,如考量模型的发生、探讨模型的表征、探讨新旧模型间的知识更替等。

归纳与推理:从知识重融、重构的角度来看,解释能帮助区分模型元素的演进过程,即证明为什么一个因素会影响另一个因素。评估能帮助施教者和学习者联结他们的模型与实验所获得的结果。在评估中,施教者通过模型检测验证模型是否需要继续修正。

本研究创设的建模式教学范式,如图2-3-1,以Sinss建模学说为理论支撑,其涵盖了五重序列向度:

模型选择→模型建立→模型效化→模型应用→模型调度。

详细说明如下。

第一步,模型选择:从熟悉的模型中,选择一个合适的模型,配合个人经验来解决问题。第二步，模型建立：基于第一步选择的模型，分析其相关成分元素和结构，产生科学的假设，同时建立个人解题的初步模型。第三步，模型效化：在建立初步模型后，开始进行实验或测试，同时考量初步模型中各"量化元素"的适用性，将个人的模型做部分修正。第四步，模型应用：对心智模型做完修正后，利用此模型求得问题的解答，并对相似情境的问题加以诠释。第五步，模型调度：用第四步构建的模型在解决各种新情境时，对产生的新问题情境做推论性测试，同时评估此模型的适用广度，得出完善的模型。

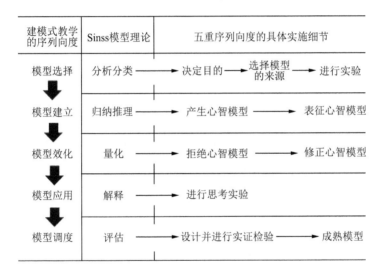

图 2-3-1　建模式教学范式

第二节　落地路径：创建教学基地找支撑

基于建模式教学落实生物学核心素养的落地，其实践路径可以为创建体验馆、手工坊、实习场等教学基地。以体验馆、手工坊、实习场作为建模式教学的实践路径，对指导生物学新课程内容的教学有着极其重要的理论价值和实践价值。一方面，能增强学生的学习能力和思维品质，帮助学生理解学习模型构建、拓展应用建模方法，为学生的学习提供个性化学习资源，使其成为健康中国的促进者和实践者；另一方面，能增强教师的专业能力和教学品质，帮助教师塑造教学特色、提供科研资源，为教师的教学提供科学性教学理论，使其具备解决实际问题的价值观念、必备品格与关键能力。

（一）体验馆：激发学生学习的动点

体验馆架构下的建模式教学体系可创建两个教学单元：一是生命与健康模型体验馆，二是模型与建模文化体验馆。两个体验式单元内饰的学习内容层次有致、各有千秋，如图 2-3-2 所示。

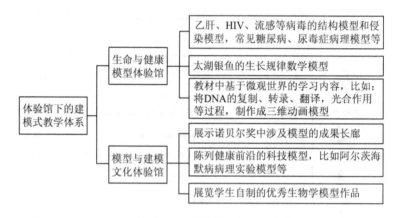

图 2-3-2　建模式教学的体验馆实践模式

生命与健康模型体验馆充分利用课程基地开展学生体验活动。一方面根据学生的兴趣或学科需求，创设基于情境模型的生活体验，比如糖尿病病理模型的构建体验、独具地方特色的太湖银鱼生长规律的数学模型体验等；另一方面依据科技节，让学生体验生物学模型的美学价值、力学价值，比如微观世界 DNA 复制、转录、翻译的三维动画模型，光合作用光反应、暗反应中物质和能量代谢的三维动画模型等，借助科学技术建构肉眼不可及的生物学模型，通过可视化的形式，让学生身临其境亲自体验，在学习生物学知识的同时，建立学科间的横向联系，孕育科学的生命观。

模型与建模文化体验馆可充分利用学校馆廊、实验室走廊等场所,加强模型构建的文化布置,渲染模型构建的教育氛围。

第一,陈列一些在近现代生理学和医学上推动人类健康认知的模型成果,如阿尔茨海默病的实验模型等,来激励学生在体验学习中孕育立志从事医学事业,服务人类的远大理想。

第二,陈列学生在学习或生活中构建的一些优秀模型作品,比如细胞膜的流动镶嵌模型、DNA双螺旋结构模型等,以展览的形式呈现,激发学科氛围的创设,使学生产生浓厚的学习欲望。

(二)手工坊:聚集学生学习的视点

手工坊架构下的建模式教学体系,涵盖教材内和教材外模型的制作。这两个体验单元的学习内容相互渗透、相互支撑,如图2-3-3所示。

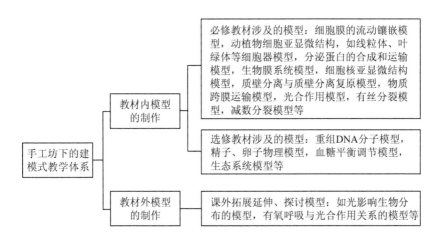

图2-3-3 建模式教学的手工坊实践模式

教材内模型的制作主要立足国家课程(生物必修模块和选择性必修模块),围绕教学重点、难点等核心内容,构建、创新与教学相关的生物学模型,比如动植物细胞亚显微结构模型、质壁分离与质壁分离复原模型、有丝分裂模型等。通过模型与建模活动,改进知识表达方式,以形象直观的模型,验证、巩固和拓展学习内容,提高学习效率和学习效能。以教材中涉及的相关模型为参照，组织学生通过手工制作，构建或创新生物学模型。在手工制作生物学模型的过程中，一方面让学生弄清模型的结构、建模的意义等；另一方面让学生从模型构建中建立对健康生活的认知。

教材外模型的制作主要立足课外兴趣小组、研究性学习小组、社团等开展校本课程学习，主要针对人类生产、生活的某一需求或面对日常生活、社会热点话题，能基于证据尝试构建病理模型、发生模型甚至预测模型等。引导学生演示、验证、巩固和拓展学习内容，增强学生对抽象内容的直观理解和对具体形象内容的抽象概括，关注模型构建对生命构建的意义，积极宣传模型构建指引的健康生活，不断提高学习效率和学习效能。

（三）实习场：深化学生学习的转点

实习场架构下的建模式教学体系建议由生命科学院和若干实践基地组成，如图 2-3-4 所示。生命科学院可以与高校联办、合作组建，其主要任务是为高中生创造机会进入大学实验室，开展模型构建实践探究，其形式有夏令营、高校专家现场指导等。让学生了解国内外模型构建的最新研究动态，同时提供一个认知平台。

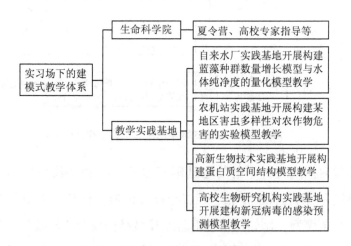

图 2-3-4　建模式教学的实习场实践模式

可以选择自来水厂、农机站、高新生物技术实践基地、高校生物研究机构等作为教学实践基地，如图 2-3-4 所示。实践基地承载着组织学生进行参观、测量、体验的功能，增强学生模型构建知识应用的社会责任感。在自来水厂实践基地可以开展"构建蓝藻种群数量增长模型与水体纯净度的量化模型"教学与实践，让学生通过具体认知，意识到保护水资源、保护生命湖（河）的社会责任。在农机站实践基地可以开展"构建某地区害虫多样性对农作物危害的实验模型"教学与实践，让学生身临其境，建立生态保护意识，践行"绿水青山就是金山银山"的生态理念。在高新生物技术实践基地可以开展"构建蛋白质空间结构模型"教学与实践，让学生打开从课堂走向科学的那扇门，懂得建设美好与健康生活必须依赖科技生产力的道理。在高校生物研究机构实践基地可以开展"构建新冠病毒的感染预测模型"教学与实践，让学生弄清传染病的相关知识，明白每个公民只有懂得了科学，才能保护好自己的生命与健康，才能真正守护人民健康安全。

（该部分内容发表于《中学生物教学》2021 年第 7 期，原名为《基于生物学素养培育的建模式教学实践路径》）

第四章 建模式教学的常见模式综述

【概述】基于模型构建的教法研究，在吸收一般教学模式的基础上，演绎出模型教学的可操作、可参照的模式，遵循科学规律帮助学生逐步实现高阶思维的蜕变。基于模型构建的生物学教学教法，交互融合新旧知识的可视化建模活动，在引导学习者重构知识体系、获取自主感知的同时，也呼应了新课标对教学呈现方式的要求，有效地实现了生物学科核心素养的落地、现实生活应用的"落生"、生命规律理解的落实。

第一节 基于模型构建的探究式教学研究

一、探究式教学概述

最早提出在教学中使用探究方法的是杜威。他认为，科学教育不仅仅是要让学生学习大量的知识，更重要的是要学习科学研究的过程或方法。在1950~1960年间，探究作为一种教学方法，其合理性变得越来越明确。教育家施瓦布指出：如果要学生学习科学的方法，还有哪种学习方法比让学生积极投入到探究的历程中更好的呢？这句话揭示了探究性学习对科学教育已产生了深远影响。施瓦布认为教师应该用探究的方式展现科学知识，学生应该用探究的方式学习科学内容。

20世纪，美国著名的认知心理学家、教学改革家杰罗姆·布鲁纳，在50年代末创立了发现法，并把它在全国施行且取得了突出的成就。他认为，发现法就是学生依靠自身的力量去学习的方法，通常称为"发现学习"。与前人相比，布鲁纳更注意探究式教学法的理论依据，使之具有科学的基础。施瓦布、杜威等人的研究，包括布鲁纳和皮亚杰在20世纪50年代和60年代的研究，影响了从50年代直至70年代早期的课程教材。这些教学材料的一个共同点是使学生参与到"做"中去，而不仅仅是被动地听、讲或只是阅读相关科学材料。

（一）探究式教学法的含义

要研究探究式教学法，首先要明确什么是探究。美国国家科学教育院在课程标准中是这样给"探究"下定义的，探究是多层面的活动，包括：观察、提出问题、通过浏览书籍和其他信息资源发现什么是已经知道的结论；制订调查研究计划，根据实验证据对已有的结论作出评价；用工具收集、分析、解释数据，提出解答、解释和预测以及交流结果。探究要求确定假设，进行批判和逻辑思考，并能考虑其他可以替代的解释。

探究式教学法又称发现法、研究法，是指学生在学习概念和原理时，教师只是给他们一些问题或事例，让学生通过自我阅读、观察、实验、思考、讨论、听讲等途径去独立探究，并自行发现、掌握相应原理和结论的一种方法。它的指导思想是在教师的指导下，以学生为主体，让学生自觉地、主动地探索，掌握认识和解决问题的方法和步骤，研究客观事物的属性，发现事物发展的起因和事物内部的联系，从中找出规律，形成自己的概念。可见，在探究式教学的过程中，学生的主体地位、自主能力都得到了加强。学生需要思考怎么做、做什么，而不是无条件接纳书本上或者教师提供的现成结论。毋庸置疑，学生对通过这样的途径获得的知识会理解得更透彻、掌握得更牢固。

（二）探究式教学法的过程结构

一般的探究过程涉及观察，提出问题，作出预测、猜测或假设，设计研究方案并开展工作以搜集数据，对获得的数据进行处理分析与解释（解读数据）以验证假设，得出初步结论，考虑其他可能的解释及提出有待进一步探究的问题，将上述探究过程与结果以一定的方式陈述或表达出来，以及在这一过程中与他人合作交流（分享）及开展评价。这个过程可以概括成以下几个步骤。

1. 设问质疑

探究式教学的核心是问题的处理，一切学习活动皆围绕着问题展开。探究式教学的出发点是课前要设定好一系列梯度式问题。从教学的角度审视，教师需要根据教学目标和教学内容，进行精心考量，并提出难度适宜、逻辑合理的问题。当然，教师若能引导学生自主发现问题、提出问题并解决问题，那则是高层次的要求了。

2. 实验探究

实验探究是教学的关键步骤，教师首先要帮助学生拟定合理的研究计划，选择恰当的方法。同时，教师要提供必要的资料或一定的实验条件，由学生亲自动手查阅资料或开展实验，探寻问题的答案。实验探究环节，教师扮演的只是一个组织者的角色，只负责指导、规范学生的探究过程。整个探究过程可由单个学生独立自主完成，也可由学生分组后共同完成。不论独立完成还是团体协作，培养团队精神都尤为重要。

3. 思考作答

实施完探究过程，学生要对查阅的资料或实验过程进行梳理和总结，继而得出自己的结论和解释。不同的学生或者团队对同一问题可以提出不同的解释或看法，但都应将自己的结论清楚地表达出来，以便供大家一同探讨。

4. 分享矫正

分享矫正这个过程要求学生把自己的探究结果介绍给全体同学。

在集体讨论、辨析的基础上,对不准确的部分加以修正和完善。分享矫正环节,教师一方面要适时给予矫正的意见,指出其中的不足;另一方面还须引领、创设一个融洽的学术交流氛围,让学生们勇于开言,愿意表达。

二、基于模型构建的探究式教学范式

探究是科学家发现问题和解决问题的过程,也可以表示用以发展知识与了解科学概念,以及知悉科学家如何研究自然世界的学习者的学习活动。不断发现问题是打开智慧的第一把钥匙,因为脑中有怀疑,人们才会被好奇心驱使着展开探究;因为心中有探究,人们才会在追寻中获取真实的缘由。以探究为特点的教学不仅会直接影响核心素养中"科学思维""科学探究"的落实,也会间接影响另外两个核心素养(生命观念、社会责任)的达成。这种有目的、有步骤的教学活动主要包括对事物的观察、描述、提出问题、查找信息、提出假设、验证假设、思维判断、作出解释。

探究与模型构建历程是科学的基本面向。真实的探究扮演整合科学知识的角色,而模型构建历程则是透过模型形成科学推理的基本工具。将模型为主的学习与教学整合到科学探究历程中,除了符合原本真实性的探究精神外,更让教师注重科学模型、科学理论以及现实世界之间的关联性。本文以科学探究历程为主轴,以线性的方式架构"六环节"的探究范式,如图2-4-1所示,来展开对"细胞大小与物质运输关系"的探究式实验教学。

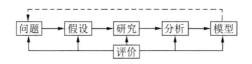

图 2-4-1 模型构建的探究式教学模式

(一)对照科学规律,提出问题与假设

问题与假设特指透过对显性化日常现象的观察,连结学生的先前知识，启动学生学习的动点，进而对学习内容产生质疑。教师引导其聚焦于问题的本质，辅助其提出具备因果条件的科学性假说。遵循科学规律，联系学生已学习的相关知识，引导学生基于已习得的知识去审视原实验的相关内容（比如实验目标与步骤、实验材料与试剂、实验技术与现象等），帮助其在原始陈述与自我思考中形成新的认知冲突，进而辨析性地归纳与概括，提出待解决的问题。

"人教版普通高中新教材必修一"对"细胞为什么不能无限长大"实验的解释模型是下面这样陈述的。

第一，现有3个大小不同的细胞模型，如图 2-4-2 所示，计算每个"细胞"的表面积与体积的比值。

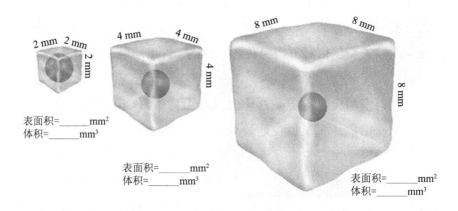

图 2-4-2 运用解释模型解析"表面积与体积的关系"

第二，物质在细胞中的扩散速率是一定的，假定某种物质如葡萄糖通过"细胞膜"后，向内扩散的深度为 0.5 mm。计算这 3 个"细胞"中物质扩散的体积与整个"细胞"体积的比值。

在"细胞为什么不能无限长大"实验的模型解释过程中，学生用已掌握的细胞学知识在审视该实验的过程中，提出了两个问题。

思辨性过程一：科学原则性是指实验原理要遵循实验的科学设计、符合科学发展的客观规律；科学可行性是指实验开展要从材料的选取、条件的控制、仪器的甄别、操作方法的合理性等方面去思量实验的合理性。在实验开展应遵循科学原则性和科学可行性的基础上，提出第一个问题：为什么不直接用细胞来设计实验？

思辨性过程二：新课标在"教材编写建议"中强调，教材内容的选择应符合学生的知识基础、心理特点和认知规律。笔者以此为依据，进行了广泛的调查，其结果显示，99%的学生普遍认为，尽管生物界细胞的形态多种多样，但在他们的感官认知中，"球状或椭球状的细胞才是最常见的"，这一认知有高度的一致性。在上述陈述的基础上，提出第二个问题：用立方体模拟细胞，符合学习者的生活和学习认知吗？

基于上述思辨性过程中提出的问题，师生一起探讨，对重构"细胞大小与物质运输关系"实验作出假设。未受精的鸡卵，其蛋黄实际上就是一个卵细胞，故可提出假设：鸡卵的表面积与体积的关系，限制了鸡卵不能无限长大。

（二）源于科学假设，完成研究与分析

研究与分析特指依据假设中的因果关系尝试设计实验，寻找或制造实验工具，获取实验现象、采集实验数据，进而分析其可能形成的因果关系。基于论据的逻辑性创造，是有意识地琢磨、反思性地审思自身的思维过程，是旨在更好地适应目标与情境的指向性思考。在生物学实验教学中，引导学生依据研究与分析提出科学性、可行性的解决方案，这一方面驱动了学生的认知思维向高阶化、深入化方向发展，另一方面也培育了学生实事求是、敢于创新的科学品格。

对于细胞为什么不能无限长大的原因，其研究与分析过程总结如下。

第一步，到当地农贸市场采购一些鸡卵，如图2-4-3所示。常见的卵细胞近似球体，故可以将卵细胞假设为一个标准的"球体"。

图 2-4-3 采集的不同规格的鸡卵

第二步，用酒精灯或其他加热器材将鸡卵煮熟，待其硬化后，分别测量出各个鸡卵的直径，填入表 2-4-1。通过数学公式（$S=\pi d^2$，$V=\pi d^3/6$）分别计算出"球体"的表面积、体积以及表面积与体积的比。

表 2-4-1 细胞表面积与体积关系实验数据填入表

卵黄（由小到大排列）	直径（d）/cm	表面积（S）/cm²	体积（V）/cm³	表面积/体积的值	实验结论
1 号卵黄					
2 号卵黄					
3 号卵黄					
4 号卵黄					

第三步，通过表面积与体积比值的比较，得出实验结论。

（三）依据实验设计，阐述模型与评价

模型与评价特指使用数据中呈现的规则性结果整合形成模型，再使用形成的解释模型去做预测。实验教学过程中，教师透过评价方式协助学生评估整个探究历程以及提出的模型解释，以作为往下一个阶段或是回到先前阶段修正的依据。运用事实和科学论证以确定和改变某种认知的方式，可以借助不同学科知识、方法或不同科学技术等，逐步将所需论证的内容合理化、科学化呈现。在生物学实验教学中，当学习者使用旧知识去整合新的信息，并且延伸到其他知识，进而重构成新的知识时，教师要带领学生运用科学的证据加以论证，掌握科学探究的基本思路和方法，提高实践能力。

对于"细胞为什么不能无限长大原因"的模型创设：细胞在生命活动时与外界环境进行物质交换，如吸收养分和排出废物，都是通过细胞膜来完成的。随着细胞的长大，细胞体积增大，内含物增多，其表面积与体积的关系可以通过模型创设，显性化的表达如图 2-4-4 所示。

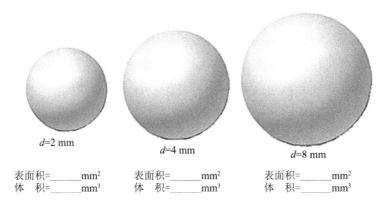

图 2-4-4 "细胞为什么不能无限长大原因"的解释模型创设

通过计算可知：

（1）当 $d=2$ mm 时，表面积与体积之比为 3∶1；

（2）当 $d=4$ mm 时，表面积与体积之比为 3∶2；

（3）当 $d=8$ mm 时，表面积与体积之比为 3∶4。

显然，随着细胞不断长大，其单位体积细胞内含物所分摊的表面积缩小了许多。结果显示其表面积不足以供应物质的进出，成为细胞代谢的限制因素。

依据以上推理，得出结论：细胞的表面积与体积的关系，是限制细胞无限制长大的一种原因。建模探究的主要目标在于能够从数据中寻找模式，评估所得数据与模型的有效性与合理性，以及通过与他人沟通分享不断地构建与修正模型，以达到对科学知识的真正理解。用卵细胞开展"细胞大小与物质运输关系"的实验，优点是卵黄这个真实的细胞，其大而规整的细胞外形方便学生在近距离观察测量、收集数据的同时，还可以借助卵细胞结构构建球体模型，利用跨学科知识（例如本案例中的数学知识）实现生物学知识的显性化和可视化。

总之，探究式教学蕴含的是一种批判、怀疑的态度，这种态度可以帮助学生对所学的知识进行深入挖掘和思考，真正实现知识的升华和应用。探究式思维包含的是对信息的整合，这种整合可以帮助学生加强学科间的联系，有利于其学习科学的方法，理解科学的本质，建立科学的生命观。在用探究式思维去实施教学的过程中，教师应从学生的知识基础、心理特点和认知规律出发，针对高中生的思维特点、兴趣指向和接受能力寻找解决途径。在教学的主导环节，教师要敢于把课堂教学与模型构建活动有机结合起来，注重学生的个性与兴趣，发展其特长，开发学生智力和培养他们的能力。

（该节部分发表于《教育与装备研究》2021年第10期）

第二节　基于模型构建的情境式教学研究

一、情境式教学概述

心理学认为，情境对人体具有一定的刺激作用，其具备一定的生物学意义和社会学意义。情境在激发人的某种情感方面具有一定的显性作用。例如，在山野中听到虎啸和在公园里听到虎啸，人产生的感觉是有一定区别的。因此，情境是一种能引起人类情感态度产生变化的自然场景或社会环境。情境教学就是指在教学过程中，为了达到既定的教学目的，从教学需要出发，引入、创设或制造与教学内容相适应的具体场景或氛围，从而激发学生的学习热情，引发学生的情感体验，帮助学生在愉快的教学氛围中迅速而准确地接受新的知识，同时促使学生的心理机能全面和谐发展,达到在情境中获得知识、培养能力、发展智力的一种教学方式。

(一) 情境式教学法的含义

情境教学理论在中学教学领域影响力极高,比如,国内就有杰出的情境式教学大师于漪先生、李吉林先生等。自李吉林先生倡导情境式教学以来,情境教学派完善了教学理论的阐述,丰富了教学实践的路径,影响甚大。国外也有不少教育家在他们的教育论著和教学实践中,留下了对情境教学的思考与经验。例如,最早在教育学意义上运用"情境"一词的是美国哲学家杜威,他提出思维起始于直接经验的情境,并把情境列为教学法的首要因素。他认为教学过程必须创设情境,依据教学情境确立目的,制订教学计划;利用教学情境引起学生的学习动机,实施教学计划和评价教学成果。法国教育家让-雅克·卢梭(Jean-Jacques Rousseaus)在其教育论著《爱弥儿》中就记载了情境教学的实例。爱弥儿不会辨别方向,有一次教师把他带到大森林里,由他自己辨别方向。在森林里,爱弥儿又累又饿,找不到回家的路。这时,老师提示他,中午的树影朝北,应根据树影辨别方向,寻找回家的路。这是利用大自然的情境,指导学生解决问题。苏联著名教育家苏霍姆林斯基(Cyxomjnhcknn)在他的教学改革实验中,经常把学生带到大自然中,让学生观察、体验、感悟大自然的美;让他们在大自然丰富多彩的自然情境中,培养自己的观察力和创造力。他给学生编写了《大自然的书》,对学生进行情境教学。他说:"我力求做到在整个童年时期内,使周围世界和大自然始终都以鲜明的形象、画面、概念和印象,为描绘学生的思想意识提供养料。"他充分利用大自然多彩的情境进行教育,促进学生健康成长,对情境教学做了有益的实践和开拓。

(二) 情境式教学法的基本途径

1. 展现生活情境

展现生活情境就是把学生带入社会、大自然,从生活中选取某一典型场景，作为学生观察的客体，并以教师语言描绘，鲜明地展现在学生眼前。

2. 实物演示情境

实物演示情境就是以实物为中心，创设必要的学习背景，构成一个整体，以演示某一特定情境。当以实物演示情境时，应充分考虑到相应的背景，以激起学生广阔的联想。

3. 图画再现情境

图画是展示形象的主要手段，用图画再现知识情境，实际上就是把知识内容形象化。教材插图、特意绘制的挂图、剪贴画、简笔画等都可以用来再现知识情境。

4. 音乐渲染情境

音乐的语言是微妙的，也是强烈的，给人以丰富的美感，往往令人心驰神往。它以特有的旋律、节奏，塑造出音乐形象，把听者带到特有的意境中。用音乐渲染情境，并不局限于播放现成的乐曲、歌曲，教师自己的弹奏、轻唱以及学生表演唱、哼唱等都是行之有效的方式。关键是选取的乐曲与教材的基调上、意境上以及情境的发展上要对应、协调。

5. 表演体会情境

情境教学中的表演有两种，一种是进入角色，另一种是扮演角色。进入角色即"假如我是课文中的××"；扮演角色，则是担当课文中的某一角色进行表演。由于学生自己进入、扮演角色，课文中的角色不再只是书本上的一个名字，而是自己或同学这样一个个有血有肉的人。通过这种方法，学生对课文中的角色必然产生亲切感，也就很自然地加深了内心体验。

6. 语言描述情境

以上所述创设情境的五种途径，都是运用了直观手段。情境教学十分讲究直观手段与语言描绘的结合。在情境出现时，教师伴以语言描绘，这对学生的认知活动起着一定的导向性作用。语言描绘提高了感知的效应，情境会更加鲜明，并且带着感情色彩作用于学生的感官。学生因感官的兴奋，主观感受得到强化，从而激起情感，促进自己进入特定的情境之中。

（三）情境教学的意义

情境教学法无疑是有效的。其中的"情境"可以在教学活动中起很大作用。它可以让学生在不知不觉中既学到知识，又感受到美。它架起了一座直观到抽象、感性到理性、教材到生活的桥梁。它解决的是学生认识过程中的形象与抽象、感性与理性以及旧知与新知的关系和矛盾。其意义有以下几点。

第一，学习的过程不只是被动地接受信息，更是理解信息、加工信息、主动构建知识的过程。这种构建过程需要新、旧经验，以及通过新旧经验的相互作用来实现，适宜的情境可以帮助学生重温旧经验、获得新经验，可以提供丰富的学习素材和信息，有利于学生体验知识的发生和发展过程，有利于学生主动地探究、发散地思考，进而有利于学生认知能力、思维能力的发展，使学习达到比较高的水平。

第二，适宜的教学情境不但可以提供生动、丰富的学习材料，还可以提供在实践中应用知识的机会，促进知识、技能与体验的连接，促进课内向课外的迁移，让学生在生动的应用和活动中理解所学的知识，了解问题的前因后果和来龙去脉，进一步认识知识的本质，灵活地运用所学知识去解决实际问题，增长才干。

第三，认知需要情感，情感促进认知。知识总是在一定的情境中产生和发展的，具有情境性。脱离了具体的情境，认知活动的效率是低下的。适宜的情境不但可以激发学生学习的兴趣和愿望，促进其情感的发展，对教学过程不断地维持、强化和调整学习动力，还可以促使学生主动地学习，更好地认知，对教学过程起导引、定向、支持、调节和控制作用。

总之，教学情境是情感环境、认知环境和行为环境等因素的综合体，好的教学情境总是有着丰富和生动的内容，不但有利于学生的全面发展，也有利于学生个性的发展。

二、基于模型构建的情境式教学范式

情境式教学是指在教学过程中，教师有目的地引入或创设具有一定情绪色彩的、以形象为主体的生动具体的场景，以引起学生一定的态度体验，从而帮助学生理解教材，并使学生的心理机能得到发展的教学方法。新课标也在"科学思维水平四"中强调，能够在新的问题情境中，基于事实和证据，采用适当的科学思维方法揭示生物学规律或机制，并选用恰当的方法表达、阐明其内涵。情境认知理论家则认为，情境教学要立足于学习者的立场，在日常场景中通过学习获取解决问题的途径。而以模型构建为认知载体的情境式教学，则旨在依托模型构建这个平台，交互整合新旧信息去帮助学习者获取解决新问题的情境体验历程。模型构建在情境教学中的重要性，主要取决于教学内容以合适方式嵌入的程度。将模型构建关联为情境教学重要的一环，其主要功能体现在模型构建能将学习内容由抽象化转换为可视化形式，并以此为跳板创设生活情境，完成认知体验，实现深度学习。

模型构建的情境式教学架构由3个环节组成，如图2-4-5所示。

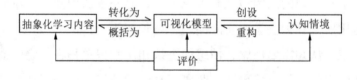

图2-4-5　模型构建的情境式教学架构

第1个环节，将抽象化学习内容转化为可视化模型，创设认知情境。

第2个环节，借助认知情境重构可视化模型，再次归纳概括抽象化学习内容。

第3个环节，基于学习者的立场，借助评价手段检测教学历程，深化情境教学。

本文以"种群的特征"一课为例,陈述如何基于模型构建,开展情境式教学。

(一)化抽象为可视化模型,创设认知情境

抽象化学习内容通常包括某一具体事实、事件、经验性的概括,抑或反映真实现象本质的科学性原理等。生物学教学中常见的抽象化学习内容涵盖概念、数据、图表,甚至内隐性知识等,其程式化、浓缩化的语言描述,常造成学习者理解困难而丧失学习兴趣。在高中生物学教学中,很多科学概念都很抽象,常常必须借助模型(例如教材中的流动镶嵌模型、DNA的双螺旋结构等)才能使学习者了解抽象概念的意义。而模型构建就是利用其直观化、可视化的形式,帮助学习者建立对抽象概念的理解,达成学习目标。若在模型构建完毕后,再以现实生活情境加以佐证,帮助学习者从感知运动阶段升华为形式运演阶段,则更会促进其对科学概念的进一步深度理解。

"种群的特征"一课的首要教学任务是"种群概念及基本特征",其步骤见图2-4-6。

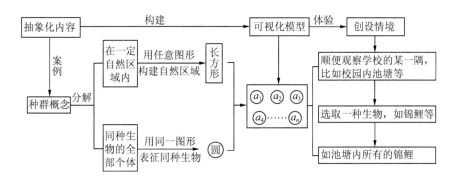

图2-4-6 "抽象—可视—情境"教学模式

第一步,通过断句的形式,把"种群概念"分解成如图2-4-6所示的两部分。

第二步，依据概念中陈述性语义，构建种群概念的可视化模型，即长方形内所有圆的总和。

第三步，根据构建的种群概念模型，从日常生活中寻找真实情境加以验证，实现知识迁移。

第四步，引导学生仔细观察"种群概念模型"，直观地看出种群的基本特征是种群密度，即图中（$a_1+a_2+\cdots\cdots a_n$）$/n$ 的形式。

第五步，在用样方法测量草本植物种群密度时，教师引导学生从调查区域的规整性角度观察、概括。第一，调查区域若呈长方形，则取样方法应为等距取样法，如图 2-4-7①所示；第二，调查的区域若非长方形，则取样的方法应为五点取样法，如图 2-4-7②所示。在用标志重捕法测量活动能力强、范围广的动物种群密度时，教师引导学生构建数学模型，如图 2-4-7③所示，加强理解。

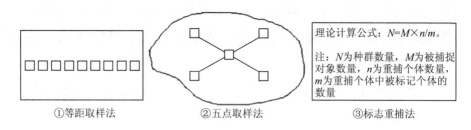

①等距取样法　　②五点取样法　　③标志重捕法

图 2-4-7　测量种群密度的常用方法

（二）运用情境构建模型，归纳学习要点

运用情境构建模型是指学习者基于已构建的模型，进一步对真实情境进行思考、观察与体验，然后建立一系列问题情境，调整学习者理解的动力模式，在原先学习情境与新学习情境之间构建某种联系，完成知识迁移并逐步完善模型构建。通过可视化模型的构建，直观、形象地归纳事物或事件在行为、形态或数量上的主要特征。在运用情境构建模型、归纳学习要点的过程中，要关注学习者的学习动机、心理特质和心理倾向。以"创设问题情境→重构可视化模型→提炼抽象内容"为教学主要环节，一方面依靠有意义的资源和有目

的的活动创设问题情境，激发学生的学习热情，另一方面教师要勇于转换角色、换位思考，从知、情、意三个方面接纳学生认知新鲜事物常用的习惯性符号或思维模式，依据活动的自发性、坚持性与变异性标志，帮助学生解决学习的难点。

"种群的特征"一课的次要教学任务是"种群数量特征及空间特征"，其步骤见图2-4-8。

第一步，以生活"在鱼塘中的所有锦鲤"为真实情境展开研究，基于学生的观察结果，提出问题。

第二步，以问题情境构建可视化模型，加深学生对情境问题的体悟。

第三步，借助模型构建，归纳、总结和提炼出种群数量的特征。

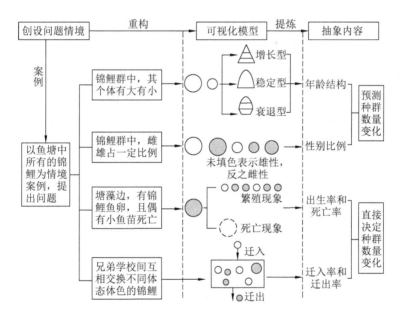

图2-4-8 "情境—模型—抽象"教学模式

第四步，在可视化种群概念模型的基础上，重新构建种群空间特征模型，如图2-4-9所示。

图 2-4-9　种群空间特征模型

（三）构建教学体系模型，深化情境教学

可视化模型与情境交互的教学模式，实现了学习内容"抽象→可视→迁移→可视→抽象"的探究进阶，渗透其间的经验与交流、分析与推理、归纳与概括、情境与体验，能帮助学生逐渐明辨问题的特点，发现解决问题的途径。创设各种生活情境，组织学生从事模型构建练习，激发其学习的主动性、自觉性和创新性，以此不断强化、深化学习品质。将评价教学体系端作为教学的终端，就是依据教学目标对教学过程中的各种因素及其综合结果作出科学判定，旨在为进一步改进教学工作提供可靠依据，使教学按一定的方向和水平有序地达到既定目标。在"种群的特征"一课的评价教学体系端，先以回顾教学内容的方式，现场要求学生构建本节课的教学体系模型，以此检测其对本节内容学习的深度和广度。然后再创设一至两个生活情境，再次检验其对内容掌握的准确度。

"种群的特征"一课的另一个次要教学任务是"评价和检验本节课的学习效果"，其步骤见图 2-4-10。

第一步，现场构建"种群的特征"体系模型，如图 2-4-10 所示。

第二步，创设生活情境，检验学生对学习内容的把握度。问题情境 1：一条河里所有的鱼是不是一个种群？问题情境 2：一个教室里所有的人是不是一个种群？

以上两个真实情境，都创设于学生的日常生活。两个生活情境所展现的都不是一个种群，理由是情境 1 没有体现种群概念中的"同种"这一属性，情境 2 没有体现种群概念中"自然区域"及种群数量特征"出生率和死亡率"的属性特征。

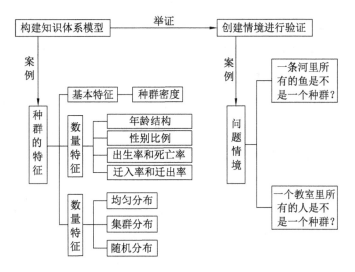

图 2-4-10 "模型构建—创设情境验证"教学评价模式

总之,基于模型构建的情境式教学研究,旨在从抽象内容的界定延展知识的维度、广度和深度。在模型构建的教学中,建议教师首先要了解构建模型的基本特征、组成单位(或基本元素)、连接方式、需要的条件(含知识储备)等。这些条件是一定要在课堂构建之前充分准备好的,否则将无法完成模型构建。只有对所要构建的模型有充分的了解,才能正确地构建出所需模型,保证模型构建的科学性和准确性。在情境创设的过程中,教师应从学生的心理特点、知识基础和生活认知出发,针对高中生的思维特点、兴趣指向和接受能力创设情境体验。

(该节部分发表于《生物学教学》2021 年第 10 期)

第三节　基于模型构建的支架式教学研究

一、支架式教学概述

支架原本指建筑行业中使用的脚手架,在这里用来形象地描述一种教学方式——中学生被看作一座建筑,中学生的"学"是不断地、积极地构建自身的过程；而教师的"教"则是一个必要的脚手架，支持中学生不断地构建自己，不断建造新的能力。支架式教学是以苏联著名心理学家里夫·维果茨基（Lev Vygotsky）的"最近发展区"理论为依据的。维果茨基认为，在测定中学生智力发展时，应至少确定中学生的两种发展水平：一种是现有的发展水平，另一种是潜在的发展水平。这两种水平之间的区域称为"最近发展区"。

（一）支架式教学法的含义

现代教育界将支架式教学广泛定义为：支架式教学是为学习者提供知识理解建构的一种概念框架。这种框架中的概念是为发展学习者对问题的进一步理解所需要的，为此，事先要把复杂的学习任务加以分解，以便于把学习者的理解逐步引向深入。教学应从学生潜在的发展水平开始，不断创造新的"最近发展区"。支架教学中的"支架"应根据学生的"最近发展区"来建立，通过支架作用不停地将学生的智力从一个水平引导到另一个更高的水平。

支架式教学法是基于构建主义学习理论提出的一种以学习者为中心，以培养学生解决问题和以自主学习为目标的一种教学法。该教学法旨在为学生的学习提供适当的、小步调的线索或提示（支架），让学生通过这些支架一步一步地攀升，逐渐发现和解决学习中的问题，掌握所要学习的知识，提高问题解决能力，成长为一个独立的学习者。一般情况下，学习支架的形式可分为六类，如图 2-4-11 所示。

图 2-4-11　学习支架的形式分类

（二）支架式教学的环节

当前流行甚广的支架式教学，融合了情境教学、合作学习、"最近发展区"等多种理论观点，它以理论整合为特征，以实现学生的自主学习为旨归，因而典型的教学环节一般如下。

1. 搭建支架

围绕当前学习主题，按"最近发展区"的要求建立理解框架。

2. 进入情境

进入情境就是将学生引入一定的问题情境。思维是一个过程，要思考到教学中的某一点上也总归有一个原因。我们要让学生进入框架中的某一个节点，那就根据这一节点的特征创设情境，让学生自然地进入这一节点，展开想象引起学习的欲望。

3. 独立探索

让学生独立探索问题情境中所蕴含的意义，抽取出问题的实质，努力解决这一问题。教师在设置问题的跨度上，要尽可能适当缩小。在独立探索这个环节的设计上，教师要考虑到不同学生的学情，避免学生的脱节情况。难易有度、节奏分明的问题设计，能让学生积极主动地去思考、去探究，让每一个学生都有事可做。久而久之，师生之间的配合才会越来越默契，学生的独立探索能力也会逐渐提高。

4. 协作学习

进行小组协商、讨论。在共享集体思维成果的基础上，达到对当前所学知识的全面掌握和全面理解，即完成对所授知识的意义构建。通过生生之间、师生之间的协商讨论，交流独立探索的心得及成果。协作学习中要善于经常利用学生的学习特点进行分组合作、协作学习。

5. 效果评价

对学习效果的评价，包括学生个人的自我评价、学习小组对个人学习的客观评价。评价内容包括自主学习能力、对小组协作学习所做的贡献、是否完成对所学知识的意义构建等。无论支架式教学的环节如何，其核心思想都是通过学习辅助（亦即搭建支架），让学生逐步获得独立解决问题的能力。

（三）如何搭建支架

通过合理的教学设计，为学生搭建学习支架是一项重要内容。支架具有支撑、承载、联结等作用。从力学的角度上分析，一个支架是否能够正常发挥功能，关键看支点的设计是否精巧。对学习支架而言，其也应如此。只有找准学生现有水平与可能达到发展水平之间的区域，并以此为支点，搭建一个高度合适的"脚手架"，才能帮助学生有效地突破自己的能力极限，攀登至新的高度。一个真正能起到支撑作用的位置，才是为学生提供恰当帮助的支点。若支点设置得过高，超越了学生攀援的高度，这个"脚手架"设置有何用？若支点设置得过低，又缺乏挑战性，导致学生学习动力不足，岂不浪费时间？故一个合适的"脚手架"，应该只需学生轻轻踮起脚尖，就能触及。

通过观察、分析、评价，寻找学生的学习优势，并以其为支点搭建学习支架，可以有效地支撑起学生的学习信心，有效地提高学生的学习效率，做到扬长补短。不论从多元智能的角度审视，还是从课程标准的能力指标分析，像口语能力、模仿能力、记忆力、表现力等这些技能，都可以设置为学习的支架，帮助学生建立主动学习的热情，最大限度地缓解那种面对知识内容不知所措的现象。显然，如果学习支架的支点不是放在此处，而是在学生的"短板"上，那起到的作用可能会适得其反。

根据学情和学习内容适时适量地搭建学习支架，其目的是让学生最终能够摆脱对学习支架的依赖，实现语言运用能力、思维开拓能力的提升。虽然学习支架的作用显著，但搭建学习支架的目的，绝不是让学生永久地依靠"拐杖"行走。当学生学习能力大幅提高后，教师应该适时地"减少支架"或者"拆除支架"，鼓励学生独立地完成任务，这才是教育的本质所在。

搭建学习支架时要注意以下几点。

第一，搭建学习支架时，首先要测评学生思维发展的现有水平，然后依据学生在解决问题中遇到的困难，有针对性地提供相应的帮助。

第二，在提供学习支架时，若提前，则没有给学生提供充分的思考时间、空间，会限制学生思维的发展；若滞后，则会造成学生学习时间的浪费。所以，在提供学习支架时，时间上必须恰到好处，遵循适时性原则。

第三，学生的认知方式、学习风格迥异，教师应针对同一问题提供多种多样的学习支架，如学习日志、评价量规、作品范例、问题、建议、表格等。

第四，教师提供学习支架的目的是促进学生思维能力的发展，在学生能够顺利解决问题后，教师应及时撤出学习支架，放开手脚，任其自由飞翔。开始时，学生使用教师提供的支架进行学习；后来，学生根据自己的需要来改造支架；最后，学生学会创建自己的支架，变成一个独立的学习者。

二、基于模型构建的支架式教学范式

支架式教学的核心涵盖两种水平，即学生现有发展水平和潜在发展水平。学生现有发展水平表征为独立完成任务的能力；学生潜在发展水平表征为基于教师的指导和帮助，最终独立完成任务的能力。这两种水平在认知上存在的差距，即前述的"最近发展区"。在教学过程中，依托多组层级式支架的搭建，帮助学生顺畅地涉过"最近发展区"，获取高阶认知的教学模式，即为支架式教学。支架式教学的构建流程如图 2-4-12 所示。模型构建从属于生物学核心素养的科学思维范畴，其作为一种现代科学认知手段和思维方法，所提供的观念和印象不仅是人们获取知识的条件，更是人们认知结构的重要组成部分。基于模型构建的支架式教学倡导探究性学习，注重联系现实生活、注重以学生为主体，强调将认知及反思过程还给学生，将参与探究的机会还给学生，将动手和动脑的机会还给学生，将培养主动获取新知识的能力、批判性思维的能力、分析和解决问题的能力以及交流与合作的能力的机会还给学生。这种教学能充分调动学生的学习积极性，培养学生的思维探究能力，促进了学生之间的交流和合作。

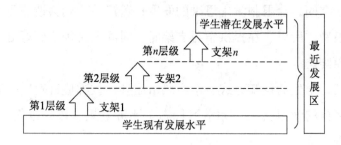

图 2-4-12　支架式教学的构建流程

生物学课堂中，基于模型构建实施支架式教学，原则上，一方面要保持学生独立人格的探究本性，依据学生已有的实际发展水平，对生物学概念进行自主构建；另一方面要秉承协同合作、互动交流的探究精神，完成层级式支架图的意义构建。本文基于"最近发展区"的核心理念，重点陈述如何依托建模组织和实施支架式教学。

（一）通过概念模型构建，搭建初始化教学支架

概念模型指以某一区域应用为目的，借助语言、文字、图文和符号等形式，对真实世界系统信息进行抽象和简化的一种形式。构建后的概念模型通常呈现形象化、直观化和生动化的特征。新课标要求教学活动不应仅仅停留在让学生记住一些零散的生物学事实的层面上，而是要通过对事实的抽象和概括，帮助学生建立生物学概念，并以此来构建合理的知识框架，为学生能够在新情境下解决相关问题奠定基础。因此，教师应先通过课前与学生交流，从知识、认知层面上掌握学生现有的发展水平。然后再依据新课标的达成目标，找出两者之间的"最近发展区"，最后通过概念模型构建，搭建初始化教学支架，可视化、简易化地呈现教学内容。

支架式教学的首要任务是依据"最近发展区"原理，通过学生

的自主学习或协作学习构建概念支架图。例如，在"生态系统的物质循环"一课的初始教学中，首先，应紧扣"生态系统概念"这个支架，搭建第1个知识层级。依托学生现有的发展水平，即相关生态系统组成成分的认知贮备，构建起最简单的生态系统模型（生物群落和无机环境）。

然后，紧扣"物质循环概念"这个支架，搭建第2个知识层级。以DDT的分布资料和核辐射的分布资料（资料1，施用农药DDT的地区，虽然占陆地面积的小部分，可是在远离施药地区的南极，在当地动物体内发现了明显高于环境含量的DDT；资料2，2011年日本福岛县发生里氏9级地震，导致该县核电站反应堆发生爆炸，核蒸气泄漏，核辐射物质随风传播至中国大陆、俄罗斯等地区），引导学生进行情境式体验，开展师生间协作启发，构建起"生态系统物质循环"概念模型。

最后，再根据"生物群落概念"这个支架，对"生态系统物质循环"概念模型进行修正、完善，搭建第3个知识层级，即"生产者、消费者、分解者和无机环境"四者之间的物质循环模型。至此，学生在自主学习和协作学习中，借助概念模型的支架式构建，顺利地完成"生态系统物质循环"知识网络的构建，如图2-4-13所示。

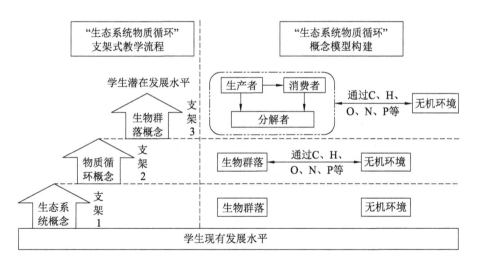

图2-4-13 "生态系统物质循环"知识网络构建流程

通过概念模型的构建，以评估学生的现有发展水平为起点，由浅入深搭建初始化教学支架，逐步细化至各层级知识点间的纵向联系，直观地反映生物学概念的本质内涵。

（二）通过实例模型构建，搭建深化型教学支架

实例模型指运用模型构建的原理或方法可视化相关生物学知识，如概念图、概率计算、样方调查、细胞模型、DNA 的双螺旋结构等。利用实例模型构建实施支架式教学，教师要引导学生自主学习、合作学习和探究学习，使静态的课堂演进成互动式对话课堂，使理论性的课堂演进成实践性课堂。借助实例构建支架式教学流程，渗透的应是良好的生态意识和健康文明的生活方式。基于实例模型的支架式教学要反映生物学核心素养目标，关键在于通过鲜活实例的支架图构建，使学生获取解决生产生活问题的担当和能力。

例如，在"生态系统的物质循环"一课的实例拓展（碳循环）教学中，首先，以关键问题"无机碳的存在形式"为支架，搭建第 1 个知识层级，引导学生参照图 2-4-13 得出在"无机环境和生物群落"构成的简单模型中，碳元素主要是以 CO_2 的形式流通的。一方面 CO_2 主要通过光合作用进入生物群落，另一方面 CO_2 通过生产者和消费者的呼吸作用、分解者的分解作用返回无机环境。

然后，以关键问题"有机碳的存在形式"为支架，搭建第 2 个知识层级，引导学生参照图 2-4-13 得出在生物群落中，碳是以含碳有机物的形式进行传递和流通的。

最后，以关键问题"化石燃料如何生成和分解"为支架，搭建第 3 个知识层级，联系现代工业的发展、人类大量燃烧煤和石油等化石燃料的事实，引导学生得出生物群落中的有机碳，在地层中经过千百万年的积存才能形成化石燃料，而人类的活动却能在很短的时间内就将其释放至无机环境；化石燃料生成和分解方式上的严重不平衡，是导致环境恶化（如温室效应等）的根源。借此帮助学生建立崇尚绿色低碳的生活方式，引导他们成为绿色出行的促进者和实践

者，如图 2-4-14 所示。

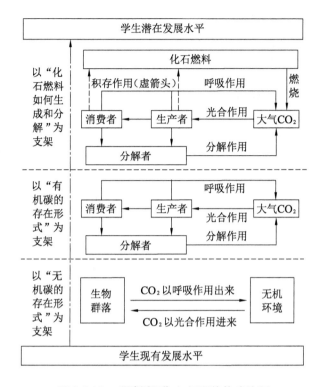

图 2-4-14 "碳循环"知识网络构建流程

通过分步设置关键问题作为支架，搭建碳循环模型支架图，使教学有条不紊地层层推进，这不仅有助于学生思维张力的保持，也有助于凝聚课程的基本问题，避免教学的碎片化。

(三) 借助学生的实践类模型，测评和反馈教学成效

实践类模型指在模型构建教学过程中，教师根据学生完成的情况，从每个活动小组中挑选出具有典型特征的模型构建图，组成教学反馈案例进行现场教学测评与反馈。在模型构建的支架式课堂教学效果评价中，通过从学生实践的过程中组建一系列模型构建案例，一方面能直观地建立知识和考察两种方式间的联系，实现由所学知识理论到试题文本的知识迁移；另一方面教师也能借助此种形式，使相关生物学问题的内涵与外延变得更清晰，也让学生的学科核心素养

在寻求答案时得到检验。

评价教学体系端就是依据教学目标对教学过程中的各种因素及其综合结果作出科学判定，旨在为进一步改进教学工作提供可靠依据，使教学按一定的方向和水平有序地达到既定目标。在"生态系统的物质循环"一课的评价教学体系端，教师可以依据现场学生完成的相关模型，来组建试题文本。例如，笔者在实施完此课后，以"生态系统物质循环"模型为焦点，现场从学生构建的模型中，组建了下面这条检测题。

下面是三个同学分别构建的不同层次的生态系统碳循环示意图，请先仔细分析三个模型构建图，然后找出错误的选项（A）。

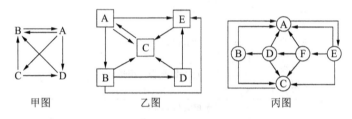

甲图　　　　乙图　　　　丙图

A. 三幅图中生产者都是 A

B. 甲图中 C 能促进生态系统的物质循环和能量流动

C. 乙图中 A、B、D、E 构成群落，碳在其中流动的形式是有机物

D. 若使甲图、乙图、丙图完整表示碳循环，须补充化石燃料燃烧产生 CO_2

此题的创设依据为新课标学业要求，即使用图示等方式表征和说明生态系统的物质循环、能量流动和信息传递的过程和特征，并对相关的生态学实践应用作出合理的分析和判断。此题的关键词是"碳循环"，解题的思维迁移是搭建题图中所示的"碳循环模型"构建图，通过彼此间的对比、观察，得出答案。这种考察方式，更符合学生思维发展水平，更容易实现知识的迁移，也更容易检验学科核心素养的发展水平。借助学生的实践活动提炼、组建试题，不

仅能起到现场解决学生学习疑惑的功能，也间接地反馈了这节课的教学效果。

（该节部分发表于《生物学通报》2021年第8期）

第四节　基于模型构建的主线式教学研究

一、主线式教学概述

根据学习心理学理论，学生学习知识、掌握技能和发展智力都存在一个心理过程和心理机制，存在一定的发展规律。要取得好的教学效果，教师在教学过程中显然不能只是采用平铺直叙的方法按章节进行，而应该把与课程相关的素材进行加工，营造本课程的理论和应用知识环境，形成新的教学材料。特别应采取更具鲜明特色的教学方法，通过对课程重点内容和概念的合理有序、逐渐深入、适度重复的讲解，并结合专业知识在工作中的实际应用实例引导学生进行思考和联想。让学生大脑受到反复刺激，产生清晰的印象，从而提高学习的兴趣，激发学习的主动性，加强学生对所学专业知识的理解、掌握，完成对概念的记忆，进而使学生能够灵活运用所学知识。这种做法不仅能够帮助学生掌握信息加工、归纳和总结等方面的学习和思维方法，也有利于培养学生的综合素质和能力。

（一）主线式教学法的含义

主线式教学的核心就是在开始进行专业知识学习的前期阶段，就让学生对全部课程的主要知识点有一个较完整的了解。特别注重主要知识点的演变过程和它们之间的衔接关系，并能够清楚认识专业知识在实际工作的应用情况，从而激发学生的学习兴趣和对掌握专业知识的渴望，调动学生学习的主动性，培养学生积极探索、勤于思考、认真查阅资料和归纳总结的能力，把"要你学"变为"我要学"，为课程的进一步学习打下良好的基础。此外，有针对性地重复和逐步深入地讲解主要知识点的内容，有利于学生对课程中主要概念的进一步强化和理解。

（二）主线式教学的设计步骤

这里所说的设计步骤是指采用主线式教学方法进行教学时，任课教师课前准备教学内容时的几个步骤。它们一般包括：把握学生已掌握的专业知识情况；围绕课程大纲，分析教学内容，确定课程"主线"；围绕"主线"的主要知识点渗透应用实例；围绕"主线"，提出思考问题；准备课程的全部教学内容。

1. 把握学生已掌握的专业知识情况

对于专业课任课教师来说，只有对学生的起始知识水平有了正确的了解，才能因材施教，采取恰当的教学措施，组织教学内容，确保学生对新鲜知识的理解、接受和应用的进一步提高。因此，在开始准备一门专业课程的教学时，首先要根据专业培养计划，了解学生曾经学过的相关专业课程，并与曾经教过其他专业课程的教师和即将学习本课程的学生进行沟通，掌握学生对已学过的专业课程的理解和掌握程度，尽可能全面地把握学生已掌握的专业知识情况。

2. 围绕课程大纲，分析教学内容，确定课程"主线"

接下来应该根据本课程的教学大纲要求进行仔细分析，提炼教学的主要内容，按照教学大纲所确定的课程核心知识点和关键内容，明确各知识点之间的前后关系以及理论概念的来龙去脉，分析学生难以理解的理论知识，确定应该重复和深入讲解的内容和范围，结合专业技术的发展趋势，按照课程的主要知识点从头至尾纵向勾勒出课程的"主线"。此外，由于目前可选择的专业教材并不一定完全符合教学大纲的内容需要，因此还有必要进行补充，例如可以给学生提供一些参考图书资料和专业网站等。

3. 围绕"主线"的主要知识点渗透应用实例

在讲解课程"主线"的主要知识点时，尤其应该突出各专业知识在实际应用领域中的情况、作用和发展趋势，并结合实际应用，安排讲解一些学生感兴趣的应用实例，以吸引学生的注意力，激发学生的求知欲望和学习热情，调动学生的学习兴趣和内在动力。因此，选择的应用实例应该尽量简单而且容易理解，最好是一些常见问题的解决方案，不求过多的理论知识，但应该保证具有一定层次，保障学生通过适当的努力就可实现。

4. 围绕"主线"提出思考问题

围绕"主线"的每个知识点，提出能够引起学生注意、思考和分析的若干问题，这些问题应具备较强的层次性和连贯性。同时，安排学生课后围绕上述问题查阅资料，进行简单分类、归纳和总结。以期学生能养成自主学习、积极思考和分析问题的习惯。

5. 准备课程的全部教学内容

围绕"主线"准备课程的全部教学内容是按照教学大纲所形成的完整的教学内容，是依据"主线"横向展开的内容，同时应该计划好主要知识点重复的次数以及展开讲解的广度和深度。

（三）主线式教学的意义

主线式教学有利于学生对全部课程各知识点的把握，能够更好地理解、分清不同概念以及它们之间的相互关系。进行主线式教学后，学生反映原来觉得枯燥乏味难以理解的理论知识，其实并不难理解和掌握。通过围绕"主线"对主要知识点的多次强化，并不断深入地讲解，学生对所讲解的内容理解更加透彻，记忆更加牢固。

课堂教学是学生获取知识的主要途径，课堂教学方法的研究是教学改革的重点内容之一。突破传统的教育方法和模式必须坚持贯彻"以学生为本"的教学理念，在科学教育理论的指导下，围绕实际教学环节，通过细致分析、研究和积极探索才有可能获得改进教学效果的方法。

二、基于模型构建的主线式教学范式

不论是静态的还是动态的生成事件，往往都蕴藏着一条主线贯穿始终，此主线大致有认知发展线、知识延续线、思维演绎线等。将主线逻辑引入教学体系，完成整体性解读视点与各个教学时点线性关系的串联，展现的是一种层次化、规律性的教学脉络表征，塑造的是一种有序的、高效的课堂氛围指征。在学科教学过程中，主线式教学就是在整体解读视点的穿针引线下，将教学点彼此有序相连、互融共生，实现知识链完整传导的过程。新课标也在"教材内容的组织和呈现方式"中强调，教材内容的组织应当实现学科内在逻辑与学生认识逻辑的统一、课程知识目标达成与生物学学科核心素养发展的统一，教材呈现的方式应当有利于学生通过活动构建新知识。交互融合新旧知识的可视化建模活动，在引导学习者重构知识体系、获取自主感知的同时，也呼应了新课标对教学呈现方式的要求。模型构建在主线式教学体系中的重要性，主要取决于模型以何种表征形式支援教学点的程度。将模型构建关联为主线式教学重要的一环，其主要功能体现在模型构建能将学习内容由抽象化转换为可视化形式，并以此为跳板去解释真实的生活情境，辅助学习者完成认知体验、实现深度学习。

模型构建的主线式教学架构为"一线三阶"，如图2-4-15所示。

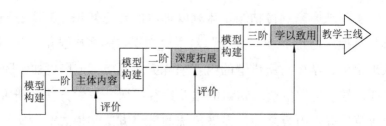

图2-4-15　模型构建的"一线三阶"式主线教学模式

"一线"即教学发展主脉络，其根据教学内容的层级次序、繁简程度，可分为"三阶"："一阶"为依托模型构建，完成主体内容的可视化教学;"二阶"为借助模型构建,深度挖掘重难点的拓展教学;"三阶"为应用构建模型,仿真化生活情境完成课堂教学评价。本文以"蛋白质是生命活动的主要承担者"一课为例,陈述如何基于模型构建,开展"一线三阶"式主线教学过程。

（一）依托模型构建可视化主体内容

主体内容是学与教相互作用过程中有意传递的主要信息。对于一节课而言,主体内容常由教学重点和教学难点两部分组成。教学重点亦称为学科教学的核心知识,是学生必须掌握的基础知识与基本技能、基本概念与基本规律以及由内容所反映的思想方法;教学难点是学生不易理解的知识或不易掌握的技能技巧。依托模型构建,体验模型构建中的思维过程,可视化、分级式地呈现主体内容,引领学生在知识体系的演绎过程中,自觉地获取和巩固相关生物学内容。

蛋白质一节课的主体内容是"氨基酸形成蛋白质的过程"和"蛋白质结构多样性的原因"。教学过程中,教师应充分考查学生已有的知识基础,选择相匹配的模型类型,组建合作默契的协作小组,并以此作为教学策略,来突破本节课的重点和难点内容。

第一,"氨基酸形成蛋白质的过程"教学设计流程。

类比模型就是借用类似形象或过程但不是建立在分析现象与机理认识基础上的模型,通俗地讲,类比模型就是基于相似属性,用人们熟悉的事物类比和表征不熟悉的事物。用人体简笔画模型类比氨基酸及蛋白质合成过程,目的就是让学生在轻松、娱乐的氛围中理解:① 任何氨基酸都具有一个中心碳,且中心碳的两侧必连接着一个氨基、一个羧基和一个氢,其特异性取决于不同的 R 基;② 人和人牵手形成的人链,代表的就是众多的氨基酸脱水缩合后形成的链状多肽,教学过程如图 2-4-16 所示。

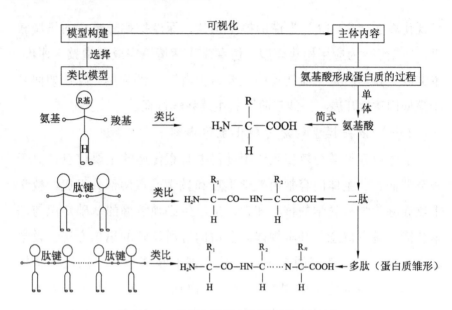

图 2-4-16　基于模型构建的蛋白质形成过程

第二,"蛋白质结构多样性的原因"教学设计流程。

物理模型就是根据相似原理,把真实事物按比例大小通过缩放形式制成模型,其状态变量和原事物基本相同,可以模拟客观事物的某些功能和性质。其通常以实物或图画形式直观地反映认识对象的形态结构或三维结构。蛋白质的单体是氨基酸,可以用简单的几何图形表示,比如在"蛋白质结构多样性的原因"教学中,可以简单地用○、□来表示不同的氨基酸,然后借助物理模型构建,来可视化展示"蛋白质结构多样性的原因",教学过程如图 2-4-17 所示。

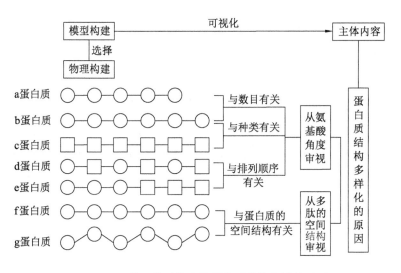

图 2-4-17　基于模型构建的蛋白质结构多样性原因

依托模型构建可视化主体内容,需要通过"构建活动"来完成。在模型构建活动中,往往需要进行观察或实验,需要进行归纳和演绎,需要运用已有知识进行假设、模拟,将复杂的事物进行简化,抽象出其本质属性,需要将头脑中抽象的概念具体化、形象化,并亲身参与这样的活动,学生在探索思考中,可以体会到模型构建的方法,获得成功的喜悦,才可能将模型方法内化为认知图式,获得认知水平上的提升。可以说,模型方法的精髓体现在建立模型的探索与发现之中,不亲身经历其中的困惑与发现,很难领悟模型方法的要素与关键。通过模型构建来可视化呈现"蛋白质结构和功能"的体验式教学设计,一方面是利用类比模型的可视性特征,激发学生学习的兴趣,从而达到攻克氨基酸微观结构、不同氨基酸特异性、脱水缩合以及蛋白质结构与功能多样性的教学重点与难点,使整个教学过程凸显直观化、平实化,便于学生理解;另一方面利用创建物理模型,调动学生的动手与辨析能力,化被动学习为主动参与,彰显寓教于乐。

(二)借助模型构建深层次延伸拓展

传统教学单调重复,速度太慢,具有烦琐哲学和形式主义弊病,不仅浪费大量的教学时间,而且容易导致学生厌烦学习,阻碍其发展。故新课标在教学建议中强调，教师在制订每个单元、每节课（或活动）的教学计划时，都要全面考虑核心素养任务的针对性落实和有效完成。同时，根据不同的教学内容，在落实核心素养时侧重点也应该有所不同。新教材包含旧教材、新练习包含旧练习，通过拓展知识的广度加强知识的巩固，可使学生在有机联系中掌握概念，把知识纳入一个广泛而严整的体系中。正确组织和吸引学生进行拓展教学，可延展学生的知识领域，培养学习生物学的兴趣，发展生物学学科素养才能。

在蛋白质一课中，教师可以以胰岛素为例，借助模型构建提炼信息，将学生已学过的"细胞器之间的分工合作"与"蛋白质结构多样性"两个知识点进行深度整合，向学生展示肽链是如何通过氨基酸之间的相互吸引或排斥，扭曲折叠形成复杂的空间结构，具备各种功能的。在真核细胞中，核糖体内新生的多肽链是没有功能的，必须经过内质网、高尔基体的加工、修饰，才能变成有活性的蛋白质。这些加工包括切除信号肽序列和分子内部的连接肽（C肽），以及氨基酸残基的化学修饰、二硫键形成等。教学过程如图2-4-18所示。

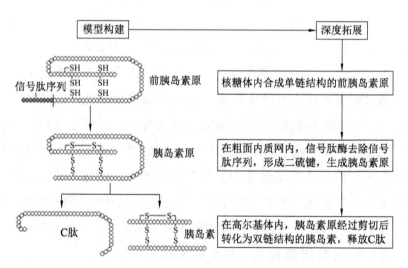

图2-4-18 基于模型构建的胰岛素加工、合成

借助模型构建对重难点内容进行拓展，选择的案例应有承上启下的特质。"承上"是指这部分内容必须是建立在学生已学习的基础上，经过教师的适当提示或指引，学生能自主探索、逐步完成对新知识的掌握，例如本案例中的核糖体、内质网和高尔基体等相关内容；"启下"是指这部分内容必须能为后续的学习内容打下基础，或形成铺垫，例如本案例中的胰岛素就是为学生后续学习"血糖的调节平衡"作铺垫。

(三) 应用模型构建仿真化生活情境

新课标的基本理念是着眼学科核心素养，强调通过探究类学习活动加深学生对生物学概念的理解，提升应用知识的能力，用科学的观点、知识、思路和方法，面对或解决现实生活中的某些问题。以模型构建仿真化生活情境（包括热点问题），要尽量做到情境的真实性、科学性和适切性，使其真正成为为学生提供运用科学知识分析和解决实际问题的载体。利用社会热点等问题设计情境，能够极大地吸引学生的注意力，建立起知识学习与应用之间的桥梁。

在蛋白质一课的应用教学中，教师可以基于"健康生活"这个社会热点，创设如下生活情境。随着生活水平的提高，某些人长期无规律、无节制地摄入大量高热量食品，造成胰岛 B 细胞受损而身患糖尿病，此种糖尿病可通过人工注射胰岛素来调节。在注射胰岛素的过程中，如果针头不慎穿刺皮肤，常会造成肌肤局部感染。要是胰岛素能口服，上述弊端就能避免。那么，试问：胰岛素为什么不能口服？

教师组织学生合作讨论、查阅资料，动手构建"胰岛素口服导致降血糖功能丧失"的物理模型，如图 2-4-19 所示。然后引导学生基于已构建的模型直观地得出，如果口服胰岛素，因其在消化道内被降解，其结构遭到破坏导致功能丧失。

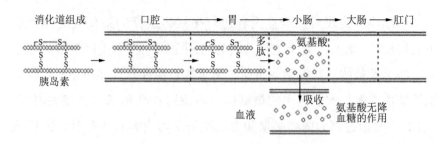

图 2-4-19 "胰岛素口服导致降血糖功能丧失"的模型构建

将模型作为一种认识手段和思维能力,是科学认识过程中抽象化与具体化的辩证统一。应用模型构建诠释生活情境,一方面借助模型构建解释发生在身边的生物学现象,使学生体验建立模型中的思维过程,领悟模型方法,获得或巩固有关生物学概念;另一方面将模型方法内化为认知图式,让学生对这些问题或情境进行讨论、分析,观察学生在教学过程和各种活动中的实际行为表现,评估学生是否真正将有关的知识与技能内化为自己的行动并自觉用于指导日常的生活、生产实践。

(本节部分发表于《中学生物教学》2021 年第 12 期)

第五节 基于模型构建的活动教学法研究

一、活动教学法概述

(一) 活动教学法的含义

活动教学法,也称活动型教学法,是一种新型的教学方法,一般是指教师根据教学要求和学生获取知识的过程为学生提供适当的教学情境,根据学生身心发展的程度和特点设置,让学生凭自己的能力参与阅读、讨论、游戏、学具操作等去学习知识的课堂教学方法或过程。这种教学方法的特点是学生参与活动,通过听觉、视觉、空间知觉、触觉等在大脑指挥下的协同活动而获取知识。以活动教学法为主、教学效果显著的课堂模式称为活动教学模式,也简称为"活动教学"。

(二) 活动教学法的注意要点

由于学生思维发展水平有差异,学生动手操作能力亦有所不同,教师控制教学过程、教学进度不容易,因此,运用活动教学法取得理想的教学效果必须要注意如下几点。

第一,课前必须让每个学生准备好学习中所用的学具。

第二,学习过程中,对于如何使用学具,教师要给予适当的指导,提出具体的要求。

第三,加强对学生的组织纪律教育和良好习惯的培养。

第四,活动必须有明确目的。

第五,要注意处理好个别活动与集体教学的有机结合。

(三) 活动教学法的意义

活动教学法是在教师的指导下,使学生自己动手、动口、动脑,采用比较自由的形式,以学生为中心的新型教学法。其重点是让学生自己在活动和思索中获得知识。学生在活动中充分调动多种器官参加学习,兴趣浓厚,情绪激昂,思维积极,感知丰富,乐学易懂。学生对教学材料产生了兴趣、激情,生理上往往会伴随着血液循环的加快,使大脑皮质得到更多能量,活化整个神经系统,能把注意、思维、记忆、想象等心理因素都调动起来,使之积极化。以认知活动为突破口,创设良好的课堂气氛,以活动为形式,注重外显行为活动与思维内化活动的结合,重视认知活动与情意活动、教师主导活动与学生主体活动、学生个体活动与群体活动的协调。旨在改变过去学生只是被动参与和担当"接受者"角色的现象,促使学生由消极被动的学习向积极主动的学习转化,使认知和情感得到和谐的发展。它是教师帮助学生越过思维障碍,突破知识难点,培养思维能力的一种教学方法。要使学生形成正确的概念,既理解、掌握知识又发展能力,就要老师教导有方、指导到位、训练得法。

二、基于模型构建的活动教学法范式

活动教学法以认知活动为突破口，强调外显行为活动与思维内化活动的有机融合，重视认知活动与情意活动、教师主导活动与学生主体活动、学生个体活动与群体活动的协调。活动结构的内部形态（活动-动作-操作以及相应的需要-动机，动机-目的-条件-任务）的转化是个性、心理、意识发展的动力。新课标在"教材内容的选择"中建议，在按照课程标准实施必学内容教学时，可以适当安排一些活动，以拓宽学生的视野，发展学生的爱好和特长，培养学生的创新精神和实践能力。活动教学理论家也强调，活动教学法要立足于学习者的立场，把理论知识确定为学习活动的内容，把形成与发展理论思维及理论意识的基础确定为学生通过活动创设应达到的意识和思维水平。而以模型构建为认知载体的活动式教学，则旨在依托模型构建这个平台，交互整合新旧信息去帮助学习者获取解决新问题的情境体验历程。模型构建在活动教学中的重要性，主要取决于教学内容融入活动的程度。将模型构建关联为活动教学重要的一环，其主要功能体现在模型构建达成认知体验的活动建构，强调从生命深处唤起学习者思维转化的意识，将人的创造力、生命感、价值感唤醒。

模型构建的活动式教学是将活动项目按一定次序彼此衔接、前后更替的一系列主导活动类型体系，构成了学习者心理整体性发展的基础。其基本架构如图 2-4-20 所示。本文以"血糖平衡的调节"一课为例，陈述如何基于模型构建，开展活动式教学。

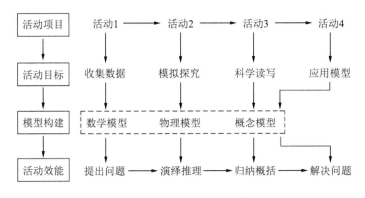

图 2-4-20　模型构建的活动式教学架构

（一）依托活动数据构建数学模型，提出问题

活动数据就是利用现代化仪器采集机体参与实验活动的生理反应方面的数据。基于模型构建的活动教学就是以活动为施教载体，借助活动数据构建相关模型，来可视化地表征个人的内部认知结构，为深层理解、深度学习奠定基础。

例如，为了让学生能显性化地感受血糖动态平衡的事实，教师可创设"血糖定量测量"的课前实验活动。其实验过程具体如下。

第一步，教师从班级中精选出 6~7 名生物学骨干，先培训其学会正确使用血糖测量仪，以及采集和处理实验数据的技能。

第二步，依据每协作小组约 6 人的标准，将全班分成若干单元。每单元成员在骨干的带领下，利用课余或空闲时段，错峰完成各人餐后不同时段的血糖浓度水平的测定，并将测量的数据填入表 2-4-2。

第三步，将测量的数据依次、分组别地输入 Excel 数据库，生成诸如柱状型、折线型等数学模型。

第四步，教师引导学生对各自构建的血糖数学模型，在组内、组间广泛地开展交流与讨论，尝试从数学的视角，根据自己掌握的相关数学知识，分析、归纳、总结出血糖动态变化的规律，提出"生物体是如何维持血糖动态平衡"的问题。

表 2-4-2　　　　　　　餐后不同时段的血糖测量表

测量次数	空腹	餐后 0.5 h	餐后 1 h	餐后 1.5 h	餐后 2 h
第 1 次					
第 2 次					
第 3 次					
平均值					

通过活动体验获取相关活动数据，再依靠信息技术构建数学模型，然后依托直观的数学模型辅助学生逐步洞悉隐藏在生活现象（本例中的血糖变化）背后的变化规律。这种活动模式一方面提升了学生对实验数据的采集和处理能力，彰显了活动的针对性、有效性和高效性；另一方面借助真实的生活情境体验可激发学生的学习兴趣，引出了新课的主题，使学生的科学思维、探究能力得到了进一步的锻炼。

（二）借助探究活动构建物理模型，演绎推理

探究活动涵盖行为信息和生理反应，它能使探究者对新异的刺激、环境的变化产生应激性的反应。科学探究活动的设计和安排应当以探究能力的培养为重要线索，将知识体系和探究能力体系两者进行整合，使之形成有机的整体。就某一具体教学内容来说，究竟设计为哪一种类型的活动，要视内容特点、学生基础和学校条件而定。例如，在讲授"血糖的来源和去路"的内容时，教师可创设如下探究活动。

1. 探究活动的课前准备阶段

第一步，制作材料库。依据图 2-4-21 所示的内容，在裁剪好的磁性卡片上注明各自的名称。

第二步，在硬纸板或小黑板上采用简笔画的形式画上小肠、血管、胰岛 B 细胞、胰岛 A 细胞、组织细胞，以及胰岛素受体和胰高血糖素受体等。

第三步，制定好以小组为活动单元的名单。

2. 模拟"餐后血糖调节"的探究活动（图 2-4-21）

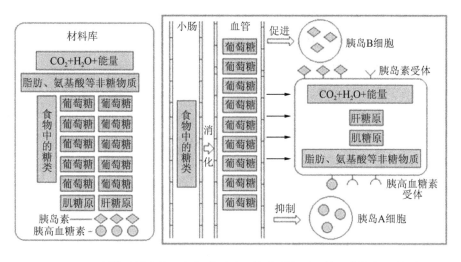

图 2-4-21　制作磁性卡片组织探究活动，构建"餐后血糖调节"物理模型

第一步，学生把标有"食物中的糖类"字样的磁性卡片贴在小肠内。然后小组开展讨论：糖类会发生什么变化？

第二步，在"糖类消化分解会产生大量葡萄糖"的讨论中，学生把 9 张标有"葡萄糖"字样的磁性卡片贴到血管内。小组进一步讨论：血糖浓度升高，一方面胰岛 A 细胞、胰岛 B 细胞会发生什么变化？另一方面怎样才能把血糖降至血管内只有 3~4 张"葡萄糖"卡片的平衡状态？

第三步，在"胰岛 B 细胞分泌的胰岛素增多、胰岛 A 细胞分泌的胰高血糖素减少"的讨论中，学生把 3 张标有"胰岛素"的磁性卡片贴到"胰岛素受体"上、把 1 张标有"胰高血糖素"的磁性卡片贴到"胰高血糖素受体"上。

第四步，依据血糖的主要去路，学生先把标有"CO_2+H_2O+能量"字样的磁性卡片贴到组织细胞内，顺势从血管中取下 3 张"葡萄糖"卡片。

然后，学生把标有"肝糖原""肌糖原"字样的磁性卡片贴到组织细胞内，顺势从血管中取下 2 张"葡萄糖"卡片；最后，学生把标有"脂肪、氨基酸等非糖物质"字样的磁性卡片贴到组织细胞内，顺势从血管中取下 1 张"葡萄糖"卡片。

经过上述活动操作，此时血管内的血糖就降到了先前预设的 3~4 张"葡萄糖"卡片的平衡状态了。

3. 模拟"空腹血糖调节"的探究活动（图 2-4-22）

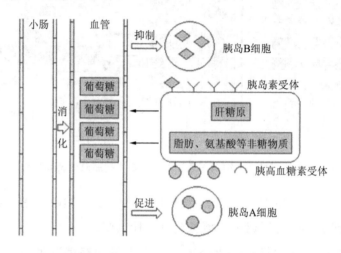

图 2-4-22 利用磁性卡片组织探究活动，构建"空腹血糖调节"物理模型

第一步，学生把 1 张标有"葡萄糖"字样的磁性卡片贴在血管内。然后小组开展讨论：一方面胰岛 A 细胞、胰岛 B 细胞会发生什么变化？另一方面怎样才能将血糖恢复至血管内含有 3~4 张"葡萄糖"卡片的平衡状态？

第二步，在"胰岛 B 细胞分泌的胰岛素减少、胰岛 A 细胞分泌的胰高血糖素增多"的讨论中，学生把 1 张标有"胰岛素"的磁性卡片贴到"胰岛素受体"上，把 3 张标有"胰高血糖素"的磁性卡片贴到"胰高血糖素受体"上。

第三步，依据空腹状态下血糖的主要来源，学生先把标有"肝糖原"字样的磁性卡片贴到组织细胞内，顺势在血管中贴上 2 张"葡萄糖"卡片。

然后，学生把标有"脂肪、氨基酸等非糖物质"字样的磁性卡片贴到组织细胞内，顺势在血管中贴上 1 张"葡萄糖"卡片。

经过上述活动操作，此时血管内的血糖就恢复到了先前预设的 3~4 张"葡萄糖"卡片的平衡状态了。

通过探究活动构建动态的物理模型，有利于物态化、直观化地呈现事物发展的次序变化及内在规律。本例借助"血糖调节平衡"的探究活动构建相应的物理模型，旨在通过探究活动的创设，引导学生深入地理解"血糖"和"血糖调节"两个核心概念的区别与联系，适切地挖掘学生已有的学习经验，调动其进一步拓展认知的深度、广度和维度。

（三）通过阅读活动构建概念模型，归纳概括

科学读写作为探寻科学真知的一种阅读活动，能培养学习者准确地获取科学信息、判断和运用科学资讯的能力。基于科学读写实施生物学教学活动，能让学习者在阅读活动中完成概念体系的模型化构建，实现相关知识的深度关联、获取像科学家一样思考的历程。例如，在讲授"血糖平衡的调节"内容时，教师可创设如下的科学读写活动。

1. 科学读写活动的课前准备阶段

第一步，文本建构。教师通过图书馆、网络平台等，收集和打印神经-体液共同调节血糖平衡机制的相关科学文献资料。

第二步，制作材料库。教师依据血糖平衡的调节机制，制作好如图 2-4-23 所示的材料库。

2. 依托文本构建概念模型

采用文本阅读任务的形式驱动"血糖平衡调节机制"的科学读写活动，培养学生对关键信息的主动捕捉与审辨、熔炼，促使学生能从表象纷繁复杂的海量信息中提取有效信息、建构概念体系，最终完成"血糖平衡调节"的概念模型，如图 2-4-23 所示。

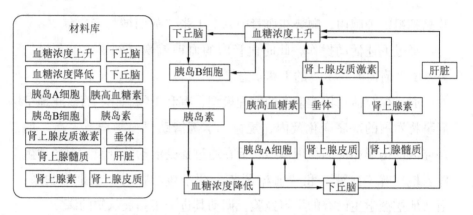

图 2-4-23 制作磁性卡片实施活动,学生构建"血糖平衡调节"概念模型

采用科学读写活动构建概念模型,对核心概念进行具体的分析阐释,引导学生经历知识的形成过程,加深理解,在原有知识和经验的基础上扩充新知识,内化整合。在借助科学读写活动构建知识结构化的概念模型时,要处理好个人独立性与小组合作性的相互关系。比如,在组织生生互评的过程中,一方面既要突显学生个性化的学习成果,另一方面又要秉持科学评价的严谨性。

(四)用生物学模型诠释现实情境,解决问题

运用生物学模型解决实际问题时,可采用"过程目标"或"内容目标",即将目标表述为预先规定的学习内容、活动情境和过程。在生物学教学中,尝试应用模型构建解决现实生活问题,一方面有利于学生建模思想的建立和建模能力的提升,另一方面也有利于学生获取解决生产生活问题的能力和担当。例如,在"血糖平衡调节"一课的教学成效测评和反馈阶段,教师可以创设如下活动情境:请利用本节课构建的生物学模型,尝试分析某人尿液中富含葡萄糖的原因。

学生活动过程:依据如图 2-4-21 所示的物理模型,推理分析可知,第一,若此人为健康人,则可能是因为一次性摄入的糖类过多,致使糖类氧化供能并转化为肝糖原、肌糖原、非糖物质后,仍有大量葡萄糖滞留在血浆中,导致多余的葡萄糖只能以尿液的形式排出;第

二，若此人为糖尿病患者，则是因为通过氧化供能来降血糖的主要途径发生了障碍。障碍1可能是由于胰岛B细胞受损，胰岛素分泌不足，致使胰岛素受体不能向组织细胞充分传递降血糖的信息，导致血浆中仍滞留大量的葡萄糖而产生尿糖，即所谓的1型糖尿病。障碍2可能是由于胰岛素受体受损，致使其不能充分接受来自胰岛素降血糖的信息，导致血浆中仍滞留大量的葡萄糖而产生尿糖，即所谓的2型糖尿病。

借助模型构建解决现实生活问题，根据情境中的线索，获取指向问题解决的思维建模方式，引导学习往深水区延展，使学生在解决真实情境中的实际问题时，具有转变或改造相关知识的能力，建立正确的生命观，养成崇尚健康文明的生活方式，成为健康中国的促进者和实践者。

（本节部分发表于《教师教育论坛》2022年第4期）

第六节　基于模型构建的变式教学研究

一、变式教学概述

所谓变式就是通过变更对象的非本质特征的表现形式，变更人们观察事物的角度或方法，以突出对象的本质特征，突出那些隐蔽的本质要素，让学生在变式中思维，从而掌握事物的本质和规律。

（一）变式教学应遵循的原则

1. 针对性原则

学科教学的课型有新授课、习题课和复习课，生物学变式教学中遇到最多的就是概念变式和习题变式。对于不同的授课，变式教学服务的对象也应不同。例如，新授课的习题或概念变式应服务于本节课的教学目的；习题课的习题变式应以本章节内容为主，适当渗透一些数学思想和数学方法；复习课的习题变式不但要渗透学科思想和学科方法，还要进行纵向和横向的联系。

2. 适用性原则

选择课本内容进行变式，不能"变"得过于简单，过于简单的变式题对学生来说是重复劳动，学生思维的质量得不到很好的提高；也不能"变"得过于难，难度太大容易挫伤学生的学习积极性，起不到很好的教学效果。因此在选择课本习题进行变式时要根据教学目标和学生的学习现状，在适当的范围内变式。

3. 参与性原则

在变式教学中，教师不能总是自己变题让学生练，也要鼓励学生主动参与变题，然后再练习，这样能更好地锻炼学生的思维能力。

（二）变式教学的作用

1. 运用变式教学能促进学生学习的主动性

课堂教学效果很大程度上取决于学生的参与情况，这首先要求学生有学习的主动性，有了学习主动性才能积极参与学习。增强学生在课堂中的主动学习意识，使学生真正成为课堂的主人，是现代学科教学的趋势。变式教学使一题多用，多题重组，给人一种新鲜、生动的感觉，能唤起学生的好奇心和求知欲，因而能够产生主动参与学习的动力，保持其参与教学活动的兴趣和热情。

2. 运用变式教学能培养学生的创新精神

创新，即通过旧的知识、新的组合，得出新的结果的过程。"新"可以是与别人不一样的，也可以是自己新的提高，它突出与众不同。创新学习的关键是培养学生的"问题"意识，学生有疑问，才会去思考，才能有所创新。在课堂中运用变式教学可以引导学生多侧面、多角度、多渠道地思考问题，让学生多探讨、多辩论，能有效地训练学生的创造性思维，大大地激发学生的兴趣，从而培养学生的创新能力。

3. 运用变式教学能培养学生思维的深刻性

变式教学变换问题的条件和结论，变换问题的形式，但不改变问题的本质，使本质的东西更全面，使学生学习时不只是停留于事物的表象，而能自觉地从本质看问题，同时学会比较全面地看问题，注意从事物之间联系的矛盾上来理解事物的本质，在一定程度上可以克服和减少思维僵化及思维惰性，从而可以更深刻地理解课堂教学的内容。

二、基于模型构建的变式教学范式

目前，教育部在"双减意见"中明确要求：要充分发挥学校主阵地的作用，坚持应教尽教，着力提升教学质量，竭力提升学生的课堂学习效率。在"双减意见"的指导下，如何发扬创新精神，摆脱题海战术的禁锢，走出应试教育的怪圈，是当下每个教育工作者都应直面的重大课题。在此教育背景的感召下，笔者尝试依托模型构建开展异质性的变式教学，来拓展学生的思维、提高教学的质量，以期彻底解放属于学生锻炼、休息和娱乐的时间。那么，什么是模型构建的变式教学呢？变式教学是一种利用变异维度帮助学生实现认知的教学手段。而模型构建作为生物学科核心素养中"科学思维"的重要方式，能简化、抽象或是有形地表达世界中某些关系或过程。借助模型构建实施生物学变式教学，旨在能于教学中用不同形式的模型（如物理模型、数学模型等）多元化地表征非本质属性的层次、多角度地审辨本质属性的外延。目的就是以模型为工具，物态化、显性化地构建新旧知识的关联，并以一种有意义的探究方式培养学生获得解决问题的能力。本文以新课标中的"教学建议"为纲，从形式、内容、方法三个维度探究基于生物学模型构建的变式教学模式。

（一）形式变式：从表象之变析理念革新

当前的这场教育改革要求教师在教学方式上要作重大改变，要将学生培养成能够基于生物学事实和证据，科学合理地运用归纳与概括、模型与建模、批判性思维、创造性思维等方法，来解决生物学问题的人。为此，教学过程中，采用多维化的表达形式，有助于培养学生在扩展性研究中获取学科核心素养的能力。而形式变式作为一种多维化的表征形式，特指由同一原型出发，抽象出不同层级的多元表征，彰显事物本质特征表现的多样性。在形式变式教学中，以同一知识为载体，构建不同形式的模型，形成可逆联想，引导学生主动探索、概括规律，能培养学生对生物学的兴趣和创造性思想等。

例如，在种群数量的"J"形增长变式教学中，第一步，构建物理模型，即课前制作好代表细菌的圆形磁性卡片，模拟在实验室（资源充足，没有敌害）条件下，细菌每 20 min 增殖一次的生活情境，请学生到黑板上构建如图 2-4-24 的物理模型。

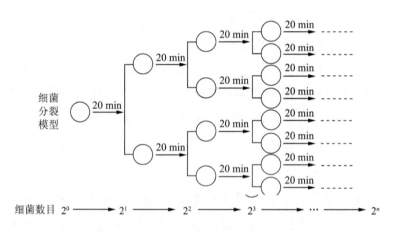

图 2-4-24　构建细菌分裂物理模型

第二步，构建"J"形增长的数学模型，即以细菌数目为纵坐标，分裂时间为横坐标，构建如图 2-4-25a 所示的数学模型。第三步，"J"形模型变式一，即以细菌的增长率为纵坐标，分裂时间为横坐标，构建如图 2-4-25b 所示的数学模型。第四步，"J"形模型变式二，即以细菌的增长速率为纵坐标，分裂时间为横坐标，构建如图 2-4-25c 所示的数学模型。

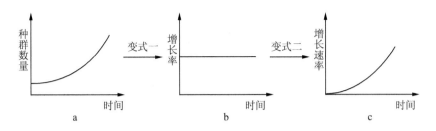

图 2-4-25　种群增长的"J"形数学模型构建及其变式

同理,在种群数量的"S"形增长教学中,以教材提供的"S"形曲线模型为基础,如图 2-4-26a 所示。进行第一次变式,即以增长率为纵坐标,时间为横坐标,完成"S"形曲线模型的变式,如图 2-4-26b 所示。进行第二次变式,即以增长速率为纵坐标,时间为横坐标,完成"S"形曲线模型的变式,如图 2-4-26c 所示。

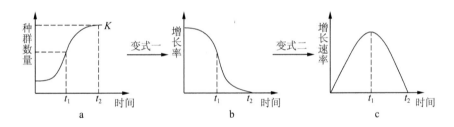

图 2-4-26　种群增长的"S"形数学模型构建及其变式

模型表达的目的并不是一成不变的,即使是同一个表征对象,基于不同的目的也可以表征出不同的模型。这种借助模型对知识的本质属性进行多维度变换的形式,是一种引诱有效学习的方式方法。这种方式方法对知识本质的纵横深入,能聚焦学生的"统整"思维,有利于激发学生对知识本质的深层思考与反思。在生物学教学中应用形式变式教学,一方面能丰富学生多元化表征知识的能力,培养其养成多角度思考的习惯;另一方面将模型与变式有机整合,形成多样化的内容呈现形式,也有助于增加多元解决问题的灵活性。

(二)内容变式:从演进之变达深度剖析

模型不仅可以描述那些抽象的结构、运动的行为、变换的事件,还可以解释原理、预测趋势，甚至表达个人观点、参考依据及原因陈述等。2020年修订版的新课程标准要求对课程内容进行有机组织、巧妙呈现，可尝试结合模型、图文资料等各种资源或途径，引导学生积极思维，主动探究，培养他们从不同的角度和高度认识生命世界，养成综合、开放、创造性思维的习惯。为此，教学过程中，运用模型构建，沿着人类认知事物的规律，可视化地、循序渐进地展现内容梯度，将学习内容由浅层引入深层、由表象伸入本质，沿着事物演进的历程，引领学生获得深度学习的高峰体验。

例如，在"神经冲动的产生和传导"的教学中，第一步，观察神经元的结构模型，如图2-4-27a所示，引导学生回答组成神经元各结构的名称。第二步，以神经纤维上的一小段为学习对象，引导学生构建如图2-4-27b所示的神经纤维结构模型，并注明离子的种类及分布状况（注：A^-代表不能透过膜的有机阴离子，如一些氨基酸等）。第三步，以神经纤维的一段膜为学习对象，引导学生构建如图2-4-27c所示的神经纤维膜的流动镶嵌模型，并注明神经冲动时，K^+、Na^+的跨膜运输方式。

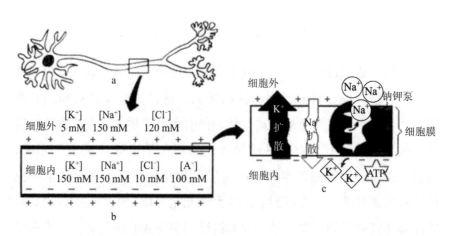

图 2-4-27　神经元结构及相关成分的模型构建

第四步，在以上内容的铺垫下，通过构建"一个神经冲动产生过程"的物理模型，如图2-4-28所示，动态化地说明：在静息状态时,钠钾通道等关闭,此时膜电位为外正内负;在去极化时期,钠离子通道打开,导致膜电位为外负内正;在反极化时期,钠离子通道逐渐关闭,钾离子通道逐渐打开,此时膜电位为外正内负;在复极化时期,钠钾通道关闭,钠钾泵打开,使膜两侧恢复至静息状态时的膜外高钠、膜内高钾的初始状态。这种直观地借助模型的演进过程,有条理、按次序地分析、归纳神经冲动实质的变式教学,能帮助学生达到深度学习的效果。

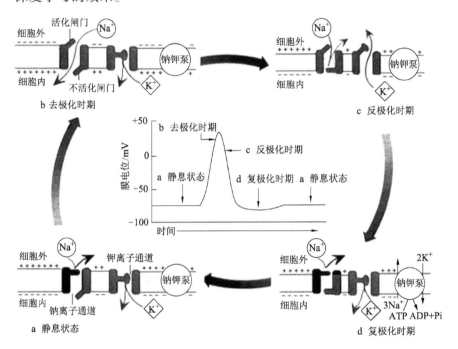

图 2-4-28 "一个神经冲动产生过程"的物理模型

模型是一种简化的、只有概括性的"物件",并非对表征对象一比一地还原。基于不同的表征目的,对对象的表征描述的重点并不相同。在表征内容的目的时,不需要完全还原表征对象,否则会使模型复杂化。这种借助模型对学习内容进行梯度式展现的方式,是一种支架式的高效学习方法。这种方法从内容的呈现角度审视,能深入浅出、自下而上地诠释各个知识点,并逐步联系和完善内容的整体性理解,最终帮助学生构建一个完整的知识体系。在生物学教学中应用内容变式教学，一方面能帮助学生形成深刻的理解和长久的记忆；另一方面也能让学生在模型构建和体验的实践过程中，学会知识和技能的实际运用，达到学以致用的目标。

（三）方法变式：从路径之变看目标转向

目前，生物学教材中很多实验由于方法和步骤单一，显得实验过程枯燥无趣。碰到此种情况，建议教师应当转换观念，从方法上开拓创新，提高教学效率。方法变式特指通过同类事物的非本质特征的变换，换个角度或方式透析事物的属性、突出事物的本质特征，让学生在方法变式中转换思维，依据事物发展的规律，获得解决问题的路径。在高中生物学教学中，借助模型来表征方式的多样性，一方面可以透过模型的辅助设计，促进学生推理技能的养成；另一方面也可以透过对模型的分析，获取掌握科学探究的方法、学会如何思考。

比如，注射器一般由推杆、空筒及注射针组成，其显著特点有：第一，从空筒上的刻度，可以推知反应物或生成物的体积数；第二，利用推杆与空筒的紧密连接，可以为化学反应创造一个封闭的环境。在高中生物实验中，发挥学生再造性想象和积极性思维，科学、合理地利用注射器构建系列变式模型，辅助其领会基本原理和概念，获取解决各种实际问题的能力。在"用过氧化氢酶探究 pH 对酶活性的影响""比较过氧化氢在不同条件下的分解"等实验中，都要涉及剧烈的化学反应、生成气体的快速释放，利用注射器模型实施变式教学，就可以解决因剧烈反应而导致的生成物随意飞溅的风险以及生成物难以收集的难题，如图 2-4-29a 所示。在"色素的提取和分离"的实验中，利用注射器模型实施变式教学，就能够解决由挥发性物质石油醚、丙酮、苯混合而成的层析液，在实验过程容易造成污染环境的问题，如图 2-4-29b 所示。在"制作泡菜并检测亚硝酸盐含量""酵母细胞的固定化"等实验中，利用注射器模型实施变式教学，就可以利用空筒上的刻度来控制活塞推动的节奏，完成滴定实验，如图 2-4-29c 所示。

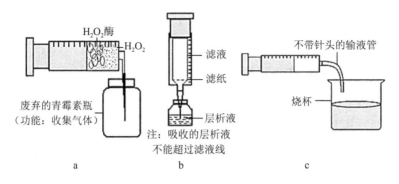

图 2-4-29　利用注射器实施多种实验的模型构建

模型是在某些情况下的另一种形式的表征，从方法论的角度思辨，其以简化和理想化的形式去再现原型的各种复杂结构、功能和联系。这种借助某一模型对多重关联性知识串联的形式，呈现的是一种思维解放后的升华。其实，教材中的实验方法、实验步骤仅是一个常规的操作程序，它一定不是唯一的，也不一定是最好的。教师在教学中，应允许学生"异想天开"，允许学生犯"错误"，允许学生对学习路径进行变式。所谓学生的"错误"说不定就是一种可贵的再造资源，一种思维迁移的升华。基于模型构建的变式教学，能帮助学生依据具体的操作、反应，融入科学化的想象，对学习形式进行变式和创造，最终实现迁移能力的形成。

（本节部分发表于《课程教学研究》2022 年第 2 期）

第七节　基于模型构建的论证式教学研究

一、论证式教学概述

论证式教学是当前国际科学教育及其研究领域所关注的一个新的方向，成为国内外科学教育研究的热点之一。它通过将论证活动引入课堂，让学生经历类似科学家的评价资料、提出主张、为主张进行辩驳等过程，从而培养学生科学的思维方式。

（一）论证式教学应遵循的原则

1. 直观性原则

直观性原则在实际课堂教学中让学生直接观察事物，或者利用各种技术手段来描述学习对象，学生会先对学习的事物建立表象层面认识，从而方便产生感性理解。学生能够深刻理解知识内涵和增强对事物的认识能力，培养从感性阶段到理性阶段的认知规律的形成。实物直观（含有实物和实验等）和模像直观（含有图片、幻灯片以及电视等）不仅更方便学生进行论证，而且更容易让学生发现论据去证实论点，通过具体形象的展示更容易认识抽象概念，能更容易找到论据并降低抽象概念理解的难度。

2. 启发性原则

启发性原则是在实际课堂教学过程中让学生作为学习的主体，从而真正发挥出学生的学习主动性，引导学生在学习过程中独立思索，积极参与探究，在良好的学习氛围中自觉掌握科学知识，从而在学习中增强解决具体问题的本领。教师在物理教学实践中进行论证的课题本身要具有一定的启发性，要求能够吸引学生主动地学习，让学生回想起和论题相关的原有知识，从而引导学生自我产生观点，并和他人展开交流，吸引学生自主地参与到课堂论证过程中，通过有序的学习活动去掌握知识能更加深刻了解知识内涵，从而达到提高论证能力和综合素质的目的。

（二）论证式教学的常用策略

1. 浸入式教学策略

浸入式教学策略将论证活动整合到学生科学实践中，促进学生学习和理解科学论证。这种论证教育常通过一些"脚手架"，比如提示、小组合作、利用学生的错误概念等来促进论证的学习。比如，科学写作启发式教育中，利用下面的问题来指导学生构建论证：我的问题是什么？我怎样才能回答我的问题？我的主张是什么？我的证据是什么？我的主张和别人的相比如何？这些问题帮助学生对现象做出解释并决定怎样进行研究。

2. 结构式教学策略

结构式教学策略主要讲授论证的结构，并要求学生将论证应用到各种解释性的实践活动中。典型的结构论证教育是 IDEAS 项目，在 IDEAS 项目中，教师讲授 Toulmin 论证模型的结构，并要求学生在 9 个论证话题中运用。学生常常要对同一现象的不同理论进行解释，这种教育主要强调论证的结构和应用。

3. 社会科学式教学策略

社会科学式教学策略主要通过让学生理解社会和科学的相互作用来学习科学论证，强调了社会（包括道德、伦理、政治等）在科学背景中的影响，关注科学和社会之间的相互作用。比如，关于转基因食物政策的辩论，还有的话题涉及基因治疗、高核动力工厂的建设等其他社会科学话题。这些教育不是要求学生理解科学规律，而是让学生关注现实，将道德、伦理和政治上的思考与科学知识联系起来。

二、基于模型构建的论证式教学范式

人类对科学世界的认识很多时候虽然大多源自对科学现象的观察与探究，但其中依据事实与证据进行比较分析、归纳演绎与推理论证而得出的结论不在少数。模型构建在生命科学研究中常用于简化描述、客观描绘或结构搭建等一些现象或事实，通常被生物学家研究时所使用，常见的有 DNA 分子的双螺旋结构、细胞膜的流动镶嵌模型等。在中学生物学课程中也同样存在一些模型构建课，这些课程内容不仅可以帮助学生更好地认知、探究与应用生命科学知识，还能够引导学生沿着科学家的探秘之旅，体验发现真理的历程。然而，在实际的生物学模型构建课教学中，模型特征的强加预设、虚假探究与要点灌输等现象常有发生，其课程价值得不到深度开发与转化。因此，在实践教学中转变教学方式践行模型构建教学已经势在必行。目前，采用探究教学、情境教学与支架式教学等教学范式实施生物学模型构建课教学的尝试已经有相关研究，但论证式教学作为近年来国际科学教育界常被提及的教学法，尚缺乏相关在模型构建课中的实践研究。正因如此，研究者尝试立足生物学模型构建课进行论证式教学研究。

（一）以论证式教学实施模型构建的优势分析

1. 论证任务可促进学生建模活动的具身化

论证式教学作为近年来常被国内外科学教育提及、使用与研究的一种教学方式，其本质究竟是什么？论证式教学是一种将科学论证引入课堂，让学生循着事实、证据进行推理分析，逐步得出结论的一种教学方法或模式。部分学者认为论证式教学使学生经历类似科学家的论证过程，理解科学概念和科学本质。从表象上来看，论证式教学必须是给予了学生一定论证任务的，而这些任务通常会以问题的形式牵引着学生思考，让学生在任务的驱动下达成主动性学习。此外，论证式教学中发布的学习任务必须能激发起学生的学习兴趣，与他们的生活实际相关联；并且任务的设置应符合学生认知规律，学生可借助各类先行组织者材料进行观察发现、科学探究或推理论证而完成。综上所述，论证式教学中给予的论证任务应具备激发学生学习热情、增强学生探究欲望，并促进他们实践应用的能力。而学生进行模型构建的过程也并非一蹴而就，学生往往需要凭借自身的兴趣与探究欲望，在一次次建模修整与完善中收获成就感。由此可见，论证式教学中的论证任务恰恰给予了学生模型构建的各类学习活动，并且能够让学生在亲身经历、关联实际与拾级而上中，不断达成具身化的学习过程。这就是以论证式教学实践模型构建课堂教学的优势之一。

2. 论证要素可助推学生建模认知的条件性

科学论证教学源起于西方，而论证的英文为 argument（讨论），可见论证的过程应当是学习者与情境材料、数据表单、他人经验等不断讨论，进而综合得出自我判断的过程。诚然，科学论证的过程并非凭空臆测或直觉推断，它需要经由事实证据链的反复推理、不断分析方能得出优质答案。在简化科学论证的模型时，研究者所提出的科学论证中至少需要包含"证据-推论-主张"三类基本要素。可见，科学家真实的模型构建是根据部分限定条件推测的，并会随着条件证据的改变不断发生变化，这也体现了科学本质中知识的暂定性。然而，学生在初步学习生物学模型构建课的时候，往往会被其外观美感与特征要点所吸引，而忽视模型构建背后经由条件限制与证据推理发生的条分缕析过程。以论证式教学进行模型构建教学，往往会先让学生区分什么是证据、推论与主张，并依据相关证据不断分析推理去评价模型适切性，进而调整、完善模型。学生经历了科学论证的过程，不仅可以让学生体会到科学家建模过程的艰辛与坚守，还能够让学生在模型构建上打破知觉体验的初映象，让其明白当下科学世界的建构均源自事实推论间的螺旋式上升。总而言之，论证式教学中的论证要素可助推学生认知到建模过程的条件依赖性。

3. 论证过程可达成学生建模思维的科学化

仅是讨论对话的过程无法形成真正意义上的论证式教学。论证式教学不仅包含了上文所述的科学证据与共同体主张之间的讨论过程，还包含了学生推理显性化、明晰化与不断完善的过程。学生推理的过程就是其思维的变化过程，因而论证过程中包含了学生思维转变的过程。其实，受限于含蓄、内敛，强调努力学习的传统教学文化，我国多数的科学课堂教学并不热闹，其中学生学习模型构建的思维是默会性与内隐性的，其在论证模型构建合理性的时候往往会因思维的浅薄或偏颇，进而导致模型构建的囫囵吞枣。而科学论证教学的过程可以将学生推理过程显性化暴露出来，并依据各类证据不断完善修正，学生在此过程中便达成了自身建模思维的科学化。正如何克抗教授所言，建模思维中体现着定性思维与定量思维、计算思维、系统思维等。想要促进这些思维的不断生成、完善，乃至于科学化，必然是一个不断学习与探索的过程，而论证式教学恰恰印证了这一过程。论证式教学中的"证据为基"体现了以质性或量化资料为依据的定性或定量思维,而其中推理过程的不断完善、随着证据的更新而不断"统整",则体现了模型构建中所需要的系统思维。由此可见,论证过程可达成学生建模思维的科学化。

(二)以论证式教学实施模型构建的课例展示

在教学的多变环境中,教师采用的教学方法时刻影响着学生的知识理解、思维深化与拓展应用,而学生在教学场域中的反馈也影响着教师对教法的改进。上文虽然从文献梳理与理论思辨的角度得出了论证式教学践行模型构建课教学存在很大优势的结论,但实际教学中将科学论证作为一种新的教学方法或思维观念引入模型构建课堂仍旧面临着诸多挑战。立足生物学模型构建的论证式教学不仅要引导学生不唯正确答案论、合理构建可视化模型、呈现论证的思维过程,还需要在教学中设置阶梯性的讨论问题、将推理任务合理分配、培养良好的倾听者(听清楚别人的论证并积极思考),更需要协调混乱的学生讨论环节,适时、适当地改变教师的角色。正因如此,笔者以"探究植物细胞的吸水和失水"实验课为例,自主创生并实施了模型构建课的论证式教学活动,以期完成教学向纵深方向铺展、知识向深度方向延展、思维向科学方向拓展的目标。

1. 依据情境体验,构建经典模型

(1)教学过程。

教师首先依据生活情境分析出模型构建的现象,即以学生日常生活经历为启动点,激发学生归纳"植物细胞吸水和失水"的生活现象,例如"糖拌番茄,有水渗出""萎蔫的花枝插入清水瓶中,又重回坚挺"等。紧接着,教师就可以依据现象让学生进行相关的模型构建与解释,即以上述现象为启发点,激发学生从细胞结构的视角,画出水分从细胞渗出或进入的模型图,总结出植物吸水和失水的原理:当细胞液浓度比外界溶液浓度低时,细胞液的水分就会穿过原生质层向细胞外渗出,液泡的体积逐渐缩小,由于原生质层的伸缩性大于细胞壁的伸缩性,所以当细胞壁停止收缩后,原生质层继续收缩,最终导致细胞膜与细胞壁分开,这种现象就称为质壁分离;反之称为质壁分离复原。接下来,教师则让学生根据教材的相关内容进行科学探究,用亲身实践进行验证,即用洋葱鳞片叶外表皮细胞为实验材料,分别用 0.3 g/mL 的蔗糖溶液、清水验证植物细胞的吸水和失水模型的科学性与可行性。

（2）设计意图。

从学生生活经历中寻找鲜明目标（如糖拌番茄）,帮助学生发现身边发生的生物学现象（渗透失水）,引导其产生对解释生物学现象的学习欲望；然后,结合鲜明目标,引导学生从细胞结构模型的角度出发,结合相关已学知识,通过演绎与推理,画出成熟植物细胞质壁分离的模型图；最后结合科学实践,阐述生命现象,论证"质壁分离与复原"模型构建的科学性、合理性。从心理学角度审视,这样的教学设计启动了学生先感受后表达的逻辑认知功能。该教学过程的深度含义有三：第一,让学生感受糖拌番茄失水现象,有助于触动其大脑右半球形象思维区域的兴奋；第二,让学生构建植物细胞失水模型,有助于推动其大脑左半球抽象思维区域的活跃；第三,让学生通过科学实践,验证模型构建得正确与否,旨在主张模型构建应建立在科学验证的基础上,启迪学生从实际出发,客观而辩证地深入剖析内在规律,继承和发扬学科核心素养的品质。

2. 质疑驱动变式,构建多维模型

（1）教学过程。

教师首先以关键问题为突破口,引领学生产生深层思考,即教材用洋葱鳞片叶外表皮细胞做质壁分离的实验材料,其大而呈紫色的液泡,可以辅助观察者通过对原生质层位置的变化、细胞液颜色的深浅来判断质壁分离的程度。但是,若实验材料的细胞液无颜色,甚至整个实验材料都无色,植物细胞会发生质壁分离吗？紧接着,教师组织学生进行小组合作学习,去推理构建多维模型。具体而言,让学生通过假设推理与分类讨论，构建出不同的模型。在构建活动中，有的小组完成了"无色-有色-无色"的模型构建，即当实验材料的细胞液、外界溶液皆无颜色时，如果赋予原生质层以颜色实施对照，则也可以观察到质壁分离。具体模型详见图 2-4-30A；还有的小组则完成了"有色-无色"的模型构建，即当实验材料细胞液、原生质层皆无颜色时，如果赋予外界溶液以颜色实施对照，则也可以观察到质壁分离。具体模型详见图 2-4-30B。

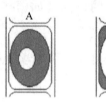

A："无色-有色-无色"模型；B："有色-无色"模型。

图 2-4-30 "质壁分离"观察的论证式教学多维模型

（2）设计意图。

在该教学过程中，教师重在引导学生从实验材料的角度进行反思与创新，即质壁分离与质壁分离复原的实验材料是不是只能选择洋葱鳞片叶外表皮细胞一类的材料，以及材料是否均应具备有大而呈一定颜色液泡的特质？通过对实验材料性质产生的批判性质疑，鼓励学生尝试以先前实验验证的模型为基础，以合作学习的形式进行分类讨论与推理预判，进而构建出如图 2-4-30 所示的"无色-有色-无色"模型和"有色-无色"模型。这一教学过程不仅让学生进行了独立思考与合作交流，还告知了学生问题的正确答案并不绝对。由此可见，此教学过程一方面鼓励学生不断追求新知，养成实事求是、独立思考、勇于创造的科学精神；另一方面激励其博采众长、大胆创新，在加强科学方法和已有知识体系学习的同时，学会以转换模型构建的思维，培养学生"穷则变、变则通、通则久"的科学思维。

3. 实践拓展关联，论证检验模型

（1）教学过程。

上述过程的两类模型仅是学生的理想构建，下面教师则需要让学生寻找资料去检验并论证已建模型的可信度。详细说来，教师以学生构建的"无色-有色-无色"模型、"有色-无色"模型为印证链，让学生展开对资料的查阅，寻找能够验证模型可行性的实验材料。例如，黑藻细胞的细胞液无色、原生质层因富含大量叶绿体呈现绿色，其理论上可以用于验证"无色-有色-无色"模型；洋葱鳞片叶内表皮细胞的细胞液、原生质层皆无颜色，则可在质量浓度为 3 g/mL 的蔗糖溶液中加入 3~5 滴不易通过细胞膜的红墨水，其理论上可以用于验证"有色-无色"模型。紧接着，教师便给予学生相应的实验材料，让学生通过真实性、自主性的实验去检验论证模型的合理性。该过程中，教师应监督各小组依照查阅的资料、选择的实验材料展开对本小组构建的模型进行现实性、科学性与合理性方面的论证。图 2-4-31 中的 A、B 两幅图分别为学生以黑藻细胞和洋葱鳞片叶内表皮细胞开展的验证实验结果。

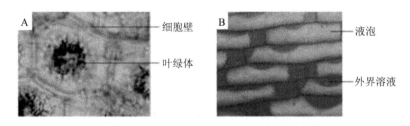

A：黑藻质壁分离实验结果；B：洋葱鳞片叶内表皮质壁分离实验结果。

图 2-4-31 "质壁分离"论证式教学的模型验证图

（2）设计意图。

通过查阅资料、合理利用实验材料，然后借助实验对已建模型开展科学性的论证活动。论证期间，在查证、取证和举证中要选择恰当的观察材料、观察位置和观察角度，采用直观的技术手段，将定量与定性的方法有机结合，客观记录有价值的事实性现象和过程，使证据言之凿凿。这种方法采用对经典实验或案例的发散性追问，借助推理与分析的手段构建多维模型，然后用事实之印迹、事件之影像予以求证。从教学研究的现代转型角度审视，其蕴含的教育深意有二：第一，创新设计多维模型是一种思维创造和知识迁移，旨在通过模型构建实现教育的多元化、多样化，提高学生对生物知识的巩固和加深，帮助学生开阔视野、提高对知识的归纳能力和对问题的解决能力；第二，从经验到证据，入木三分地对已构建模型深度追踪，全方位、全过程、全要素地加以取证，使学生尽可能完全独立地处于一个研究者的地位，像科学家那样探求知识，最终实现以有效的生物学模型设计为突破口，不断推进素质教育和新课程向纵深方向发展。

（三）以论证式教学实施模型构建的落实关键

最新颁布的《普通高中生物学课程标准（2017年版2020年修订）》，把"模型与建模"思维作为科学思维的组成部分，并明确要求在教学中要展开"尝试制作真核细胞的结构模型""运用模型模拟减数分裂过程中染色体的变化""制作DNA分子双螺旋结构模型"等教学活动。从以上引述中，我们可以看出，我国教育界对"模型与建模"引领当代教学改革产生的重要性价值，给予了充分的肯定。那么，立足模型构建的生物学课型践行论证式教学，有哪些地方是教学中的落实关键呢？

1. 以适切、系统的论证任务助力生物学模型构建

从知识背景的现实性、适切性和延展性的角度思辨，模型构建常起始于一个真实的情境，这些情境常会以经验的形式、口头报告，甚至数据的形式浅层展现。这就需要在模型构建时，融入新旧知识、交互跨学科整合，在模型效化阶段遵循教学应用的适切性原则，不能完全脱离模型的原型，变得无法溯源、无法验证。所有的建模活动都出自某种目的，如现象描述、原因追寻或是预测趋势等，其背后一定遵循知识的延展性。科学合理地构建和运用模型，才能帮助学生实现知识概念的转变、动手与合作能力的提升，使其获取分析和解决实际问

题的能力，进而改善其学习的态度。所以，以模型构建践行论证式教学要基于学生的"最近发展区"进行教学活动；要多从学生的认知角度出发，多从学生的思维角度出发，多从学生贮备的知识出发，开发和探究出易于让学生接受的模型，才能使模型内化于学生的大脑，成为他们分析和解决问题时心智操作的工具。

2. 以模型构建价值的追问促进教学观念变革

以论证式教学践行生物学模型构建课教学，并非单纯教授模型构建的知识，而是在帮助学生构建与优化心智模型。因此，教师要不断追问模型构建的育人价值，将学科教学的教学观念转型为课程育人的观念。信息技术、概念转变、探究教学、论证教学等的发展，又为其实践内容的丰富与发展提供了可能，使科学建模理论迅速与实践结合，受到科学教育界广泛关注。模型作为表征科学的语言，是通向科学教学的阶梯。若将模型仅视为教具制作，其结果只会导致模型构建教学滞留于知识的浅滩；若将模型仅视为手工活动，其结果只会漠视建模的目的和功能。实则，在本案例中模型构建与论证过程辩证交融、构成了互相支撑的教学体系，其中融入了比较、抽象、概括、具象、实证的认知元素，渗透了分享观点、批判协商、合作共进的心路历程。所以，以论证式教学实施生物学模型构建课，应从培养"科学人才"的维度审视，加强建模知识的理解，有助于帮助学生建立科学的本质观；围绕科学概念的建模，有助于发展学生的科学思维能力；基于科学实践的验证，有助于培养学生实事求是的人生态度。

综上所述，在生物学模型构建的论证式教学中，模型构建是平台，举证评价是手段，科学实践活动是构建、分析、验证、评估和优化的历程，深度开发与转化生物学学科的育人价值是当下生物学教学改革的必由之路。

（本节部分发表于《天津师范大学学报》2022年第2期）

第八节　基于模型构建的情景体验式教学研究

情景体验式教学是一种借助直观的形式或场景，通过可视化或可操作化的感官刺激，引领学生从认知、情感、身体三个维度建构深度学习的教学方法。而模型构建作为一种动态化、直观化的呈现样态，不仅能使学习内容以层级式、梯度式的方式诠释，而且还能完美地契合情景式教学"多维呈现"的立体式特质。故借助生物学模型构建开展情景式教学，能让学生依托模型构建这种普适的直观形式，有序地、渐进性地获取抽象的知识，帮助其跳出泛泛"普洒"的外在形式，进而在真实的情景中获得高峰体验认知，完成身心体悟交流，使知识在脑与手的交互策动中，逐渐变得有宽度、有广度、有温度。

生物学模型构建的情景体验式教学架构一般涵盖建构意义、实践模式与教学反思三个环节。

一、建构意义

新课标在"教学建议"中强调，教学中要高度重视学生的实践环节，力求为学生提供更多的动手实践机会。教师应创造条件让学生参与调查、观察、实验和制作等活动，引导学生从生活经验中发现和提出问题，学习有关概念、原理、规律和模型，运用有关知识分析和解决实践中的问题。根据新课标对教学提出的新要求，笔者在深入研究模型构建的情景体验式教学时，发现以活动体验为平台的模型构建教学只有具备以下四个层次的要求，才能体现该教学模式的建构价值与创新意义。

第一，创设的情景活动应适合学生认知，具有交流互通、探讨交织、获得启迪的特质，能激发师生互动、生生互动的潜质，促进知识共享和实现高峰学习体验。第二，创设的情景活动应以"模型构建"为载体，要能自由发挥学生的自主性、能动性和创造性，充分体现学生的主体地位，凸显学生才是导演者、主演者的双重角色。第三，以模型构建为认知载体的情景活动，旨在依托模型构建这个平台，交互整合新旧信息去帮助学习者获取解决新问题的情境体验历程。第四，创设的情景活动应具有知识获得、能力发展、人格完善的功能，能充分体现个体在活动教学中的作用，是促进学生整体发展与实施素质教育的途径。

二、实践模式

（一）模型构建的情景体验式教学实施环节

"模型构建"作为一种通过构思与建构呈现科学思维进阶的教学模式，重点应着眼于学生对学习内容的深刻理解和学科核心素养的深度探究。以模型构建为主题的情景体验式教学，其实施程序是：构建学习共同体，鼓励探究发现；创设模型构建情景，促进体验生成；修正模型构建，汇报交流分享。此3个环节呈递进式演化，前者是后者的基础，后者又是前者的延伸。

1. 构建学习共同体，鼓励探究发现

所谓学习共同体就是根据学生的兴趣与喜好，自发性组建的学习小组。这种民主式的自我组建模式，能充分凝聚每个团队亟须解决的问题，以及应需承担的责任与担当。这种自我凝结的责任与担当，会深层次地凝聚彼此间的信任与支持，真正形成意志坚定、目标专一的学习发展共同体。新课标在"实施建议"中倡导以探究为特点的教学不仅会直接影响核心素养中"科学思维""科学探究"的落实，也会间接影响另外两个核心素养的达成。所以，以学习共同体为学习单元，在探寻和解决实际问题的过程中，应以初次情景体验获取的浅层次知识为基础，深入钻研和思索其内涵与外延，为学生的自主性探究提供可深度追寻的路径。其间，教师可以依托模型构建活动，将全班分成4~5个学习共同体，每个学习共同体既可集中研究同一主题，也可仅作为某一主题的特定方面。在引领学习共同体开展活动的措

施上，可通过抽签的方式来决定子活动的落实，学习共同体中的每位学生甚至可以专攻某一特定的二级子主题，进行研究和探究，扩展和深化"体验"过程。教师在构建情景体验式活动教学时，一方面要充分考虑学生的认知层级，要融合学生的生活领悟，争取实现知识与活动的零隔阂、情感与价值观的零分歧；另一方面仍需要严格遵守科学原则和实施规范，以便做到有章可循。

2. 创设模型构建情景，促进体验生成

情景一般指通过符号、工具、信息等与人之间建立起来的一种氛围，该氛围的建立要避免活动的形式化和娱乐化。模型构建活动教学的情景设置，是以模型构建的可视化或可操作化为核心内容，驱动教学目标、教学内容以"模型构建"为情景体验的形式展开落实。模型构建情景式教学的动力是探究，模型构建情景式教学的核心是体悟。具体解释就是模型构建情景式教学要由浅入深、由点到面、由表及里地让学生从感性体验中达成理性思考，从表观刺激中完成知识构建。在开展模型构建情景式体验教学时，一方面营造一种引导、接纳、尊重、信任、平等的氛围，才能使学生在良性的格局中主动参与、自主发现、手脑并用、收获启迪；另一方面尽量以小组为活动单位，完善成员间的互助互信，突显活动的张力与感染力，才能勾勒和烘托出积极向上的学术氛围。

3. 修正模型构建，汇报交流分享

新课标在"学科核心素养水平划分"中强调，针对特定情景提出可探究的生物学问题或生物工程需求；运用多种方法如实记录，创造性地运用数学方法分析实验结果；能够在团队中起组织和引领作用，运用科学术语精确阐明实验结果，并开展交流。在模型构建的情景式教学过程中，学习共同体的探究过程既是一个实践与理论并存，知识与认知共建的递进过程，也是一个从模糊到清晰、从浅显到深入的曲式进程。模型构建是分析解决问题的可视化"心理结构"，是模块化的知识，也是解决问题的思维公式。在构建完成一个模型之后，学生仍需要通过应用它去有意强化模型化思维，由已知推未知，理解现象中所蕴含的趋势，把复杂问题简单化，预估模型在真实情境中蕴含的"隐形信息"，并预测未来。因此，在借助模型构建实现教学任务时，教师要组织每个学习共同体将探究的结果通过分类、提炼、加工，形成成果以便分享、交流。这样做一方面有助于从科学本质的视角，帮助学生了解科学知识产生的特点、辅助学生建立生物学的生命观念；另一方面深化了自然科学的特点，并以此来提高学生辨别现实生活中的科学和非科学，促进其科学素养的达成。

（二）模型构建的情景体验式教学案例呈现

新课标在"课程内容要求"中明确指出，"核酸是遗传信息的携带者"的教学重点应为"概述核酸由核苷酸聚合而成，是储存与传递遗传信息的生物大分子"。基于新课标的明确要求，本节教学内容就可以连贯成3个部分，即核苷酸→核苷酸链→储存与传递遗传信息的大分子。在内容设计上，教师应从学生的知识基础、心理特点和认知规律出发，针对高中生的思维特点、兴趣指向和接受能力，寻找解决途径。在内容设计上，教师要敢于把课堂教学与模型构建活动有机结合起来，注重学生的个性与兴趣，发展其特长、开发其智力、培养其能力。模型构建作为一种能直观呈现"形神合一"的科学思维方式，能促进学生从表面"形"的观察，得出本质"神"的精髓。

根据以上对情景教学含义的分析和模型构建情景教学的实践模式陈述，下面以高中新教材生物必修一中的"核酸是遗传信息的携带者"一节教学内容为例，从模型构建的视角展示和呈现情景教学的全过程。

1. 构建"核苷酸"类比模型的情景体验

类比模型就是借用类似形象或过程但不是建立在分析现象与机理认识基础上的模型，通俗地讲，类比模型就是基于相似属性，用人们熟悉的事物类比和表征不熟悉的事物。"核苷酸"类比模型的情景教学简述如下。

第一步，首先，教师展示腺嘌呤核糖核苷酸和腺嘌呤脱氧核糖核苷酸的化学结构式，引导学生仔细观察两个核苷酸的化学结构式。启发学生，对于如此烦琐的化学分子结构式，现阶段还缺乏相应化学知识的我们，应如何避开这些化学知识，简单地将核苷酸的结构式表达出来？（如果此过程学生沉默时间比较长，教师可建议学生联系相关几何图形）。然后，通过各学习共同体的共同讨论，最后决定将核苷酸中的磷酸用圆替代，脱氧核糖和核糖用五边形替代，腺嘌呤用长方形替代。最后，学生根据自己的想象、理解和推测，可以分别用纸片或纸板等剪出相应的图形，并用胶水相粘接，如图2-4-32所示。

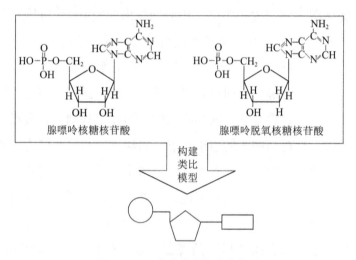

图 2-4-32 核苷酸结构简式模型

第二步，首先，教师展示腺嘌呤核糖核苷酸和腺嘌呤脱氧核糖核苷酸的化学结构式和推导出的核苷酸结构简式，引导学生思考核苷酸中的五碳糖有几种？启发学生，如何在核苷酸结构简式的基础上，突出脱氧核糖和核糖？然后，通过各学习共同体的讨论交流，一致同意为了突出核苷酸中五碳糖的种类，在五边形的2号碳上画个"OH"，表示"2号碳上的氧没有脱去"，即为核糖；在五边形的2号碳上画个"H"，表示"2号碳上的氧已经脱去"，即为脱氧核糖。最后，学生根据自己的理解和归纳，可以分别用铅字笔在自己制作的纸质五边形的相应位置写上"OH"和"H",如图2-4-33所示。

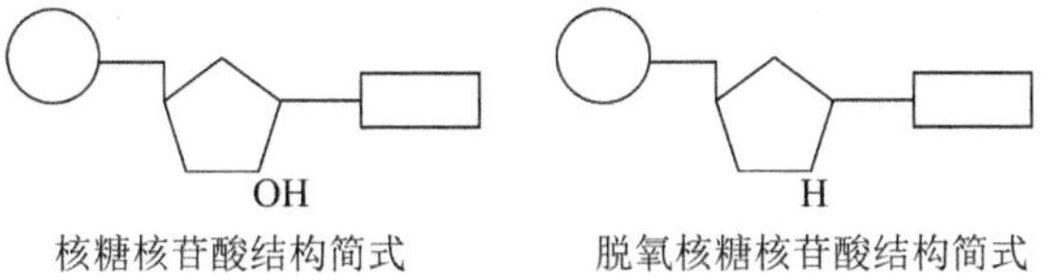

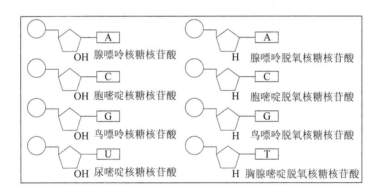

图2-4-33　核糖核苷酸与脱氧核糖核苷酸结构的特殊标记

第三步,首先,教师展示腺嘌呤(A)、鸟嘌呤(G)、胞嘧啶(C)、胸腺嘧啶(T)、尿嘧啶(U)5种碱基,引导学生思考核苷酸的种类。然后,启发学生,通常情况下,DNA特有的碱基是T,RNA特有碱基是U,帮助学生删除因为数学思维而多出的2种核苷酸。最后,学生根据自己的理解,以及教师的提示,分别连接出8种核苷酸粘黏在白板上,并在边上分别写上各自的名称,如图2-4-34所示。

图2-4-34　核苷酸的种类

2. 构建"核苷酸链"类比模型的情景体验

教学过程:首先,教师根据学生在白板上展示的一排脱氧核糖核苷酸,以及另一排核糖核苷酸,引导学生思考如何连接成脱氧核糖核苷酸链和核糖核苷酸链?启发学生,核苷酸和核苷酸之间任意连接方式有几种呢?这些任意的连接方式中,哪一种是与事实相吻合的?然后,每个学习共同体根据团队的讨论形成共识,用红笔分别将一个核苷酸中五碳糖的3号碳与另一个核苷酸中的磷酸相连。此时,教师可提示学生连接的键俗称为"磷酸二酯键",如图 2-4-35 所示。最后,教师总结:一般情况下,DNA 是由两条脱氧核糖核苷酸链组成的,RNA 是由一条核糖核苷酸链组成的。

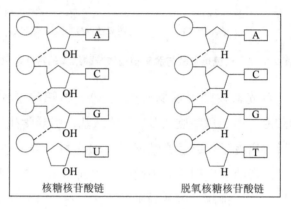

图 2-4-35　核苷酸链结构模型

注:虚线代表学生连接的化学键。

3. 构建"储存和传递遗传信息的大分子"类比模型的情景体验

教学过程:首先,教师根据学生在白板上展示的一排脱氧核糖核苷酸(为了方便排序,可以用4个),引导学生思考连接成的脱氧核糖核苷酸链有几种?启发学生,能否利用数学概率思维,最终形成一种概率模型?然后,每个学习共同体根据教师提示,进行讨论、亲手排序,最终形成共识,得出概率模型,如图 2-4-36 所示。最后,教

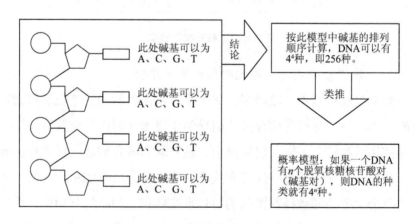

图 2-4-36　核酸中遗传信息计算的概念模型

师总结：核苷酸构成的大分子中，核苷酸（即碱基）的排列顺序代表着核酸中蕴藏着的遗传信息。

三、教学反思

基于生物学模型构建情景体验式教学的研究，旨在通过模型构建对物质的结构和功能进行剖析，这既有利于具体教学目标的确定和把握，又有利于根据不同物质的特点构建不同的模型，切实提高模型教学的实效。教学过程中，无论要制作什么模型，首先要了解这个模型的基本特征、组成单位或基本元素、连接方式、需要条件等（含知识储备）。在已有的认知前提（包括研究这一问题时，所需要及时收集的大量有关信息）下，根据认知心理学的信息加工理论，完成"模型准备"的信息筛选，让这些信息在大脑的"认知结构领域"中获得"匹配"的结合点，继而完成信息的整合与加工。因此，在教学中，教师要积极为学生创设真实、逼真的模型构建情景，让其体验探究历程。

模型的构建过程既然是一个科学探究的过程，这就要求在探究过程中要准确运用科学规律，选择研究方法，检验模型是否与实际一致，这有利于学生探究意识的培养。建模活动也要经历一个由简单到复杂、由低级到高级的复杂活动。教师在设计教学活动时，应充分挖掘和利用教材中可运用模型方法教学的内容，同时考虑学生的实际能力和水平，有利于更多的学生参与。运用模型构建培养学生的形象思维和逻辑思维，鼓励学生结合自己已有的认识，大胆地提出假说，并用实验对假说加以验证，使模型构建真正成为学生分析和解决问题时心智操作的工具。

（本节部分发表于《中小学班主任》2022年第9期）

主题三
生物学模型构建教学中孕育的本真教育

【价值理念】用模型与建模的科学思维方式重塑、重构、重建生物学教学，对培育学生学科核心素养至关重要。生物学教学中渗透模型与建模思维有利于学生尊重事实和证据、渗透质疑和反思、凸显实践和探索。模型与建模的教学案例，举证了解决实际问题、培养批判性思维、浸润科学创新等三类培育路径。

第一章 模型与建模思维的培育维度

【概述】模型是科学教学的基础，建模则是科学教学的灵魂。建模以探究、逻辑化的方式透视和演绎模型，形成科学推理的思维化，旨在引领学生对真实世界存在的问题进行探究，借以提供完整科学的建模历程。

第一节 模型与建模思维培育的整体思路

学科核心素养是学生通过本学科学习而逐步形成的关键能力、必备品格与价值观念，是学科育人价值的集中体现。而生物学模型构建在学习机制方面，通常以知识工程方法产生教学内容，以学生模型方法诊断学生学习情况，以生生互动、师生互动开展教育活动。《普通高中生物学课程标准（2017年版2020年修订）》中，将"模型与建模"列为科学思维的重要品质之一，具有帮助学生借助视觉感知、类比推理、思考实验等方法将日常问题的表征做进一步的创造与转换，将学习者主观猜测的心智模型转换成科学模型，从而学会科学审视和论证生物学社会议题的功能。那么，何为模型与建模呢？模型以简约、可视的形式表征系统或复杂的实体，能实现抽象理论的简易化，是架构科学理论与外在经验世界的桥梁。建模以探究、逻辑化的方式透视和演绎模型，形成科学推理的思维化，旨在引领学生对真实世界存在的问题进行探究，借以提供完整科学的建模历程。

模型是科学教学的基础，建模则是科学教学的灵魂，两者关系密不可分。在模型构建的高中生物学实验教学中，小组协作是重要的学习机制。该机制可简单概括如下。

　　第一步，小组成员依据知识内容确立目标，确立操作性定义，用严格的逻辑关联性理论完成相关知识的整合，构建出符合认知的心智模型。

　　第二步，树立假设，用严密的逻辑对心智模型进行辨识检验，完成可视化模型的物态呈现。

　　第三步，对构建的物态模型进行实验论证，所作论证及事实的引述须准确严谨。

　　第四步，证据链的完备与富于逻辑，帮助实验者实现目的的同时，积累经验为创建新的心智模型和目标任务服务。

　　将模型为主的学习与教学整合到科学探究的历程中，除了符合原本真实性的探究精神外，还要注重科学模型、科学理论以及现象之间的关联性。下文以高中生物学实验教学为例，从生物学学科核心素养的角度探讨培育学生模型构建能力的实践路径。

第二节　尊重事实和证据，培育解决实际问题的能力

　　模型与建模是科学思维发展的重要元素，旨在综合运用已掌握的知识、技能将抽象转化为可视甚至可感触的建构模式，帮助学生深刻地理解客观事物的应用属性，提高学生应用知识解决实际问题的速度和质量。以提高认知能力的建模式教学，既包含了教师的教学活动方式，又包括了学生在教师引导下的学习活动，是教和学的统一。采用尊重事实和证据的建模式教学，有利于激发学生的空间观念，有利于学生将抽象的知识构建成一些简单的数学模型、物理模型等，并学会利用构建模型中的基本元素及关系去解决实际问题，逐步达到培养善于判断、善于辨析、善于推理的科学思维能力的目标。

在高中生物学实验教学中，有三个现实性问题亟待解决。

第一，如何实现急速过滤，防止过滤物与空气中的气体发生化学反应？例如，在"绿叶中色素的提取和分离实验"中，怎样解决研磨好的色素因长时间置于尼龙布中过滤，而导致部分色素在空气中被氧化的问题。

第二，如何实现在短时间内，创造一个无氧或类似真空的实验环境？例如，在"探究酵母菌细胞呼吸的实验"中，如何快速地创造一个无氧的环境，便于探究酵母菌的无氧呼吸？在"探究环境因素对光合作用影响"的实验中，如何在短时间内抽空试管内的气体，使浮于液面的圆形叶片迅速坠入管底？

第三，某些化学试剂，实验效果奇佳，但却对人体有害，如何解决这个难题？例如，人教版新教材（以下简称"新教材"）在"人工诱导多倍体"的方法中陈述：用秋水仙素来处理萌发的种子或幼苗，是目前最常用且最有效的方法。既然教材明确地指出秋水仙素是诱导多倍体最好的方法，但教材最终选择了实验效果不明显的"低温诱导植物细胞染色体数目变化"的实验，原因是秋水仙素有剧毒。如何解决既要实验效果好，又可避免有毒试剂被人体吸收产生的危害呢？

基于实验教学中出现的以上三类问题，教师要善于引导学生，依托事实和证据，挖掘学生已学的物理、化学、生物相关的知识，尝试通过模型构建和实物验证来解决。

1. 模型构建阶段

第一步，针对现实问题，组长组织团队成员交流、讨论，提出解决问题的初步方案。

第二步，面对初步方案，用所学的相关理论知识进行可行性验证，构建初始模型。

第三步，对构建的初始模型进行修改、完善，构建出最终模型。

针对本案中出现的实际问题，在团队的协同合作下，最终构建了循环式抽气模型。其模型构建过程简述如下：将 1 m 长的胶管截成两段，如图 3-1-1 所示将两段胶管分别与交流微型水泵、盛放溶液器皿相连，在排水口附近的胶管中心部位打一个小孔并安上玻璃弯管，这样循环式抽气装置模型便制成了。使用时，根据解决问题的性质，盛放溶液器皿中可加入不同的溶液。如果实验目的是急速过滤，可选择加入水，并将图 3-1-1a 装置中的插口与小孔连接；如果实验目的是创造一个无氧的环境，可在盛放溶液的器皿中加入 Na_2SO_3，并将图 3-1-1b 装置中的插口与小孔连接；如果实验目的是吸收有毒物质，可选择在盛放溶液的器皿中加入能溶解有毒物质的溶剂，并将图 3-1-1c 装置中的插口与小孔连接。

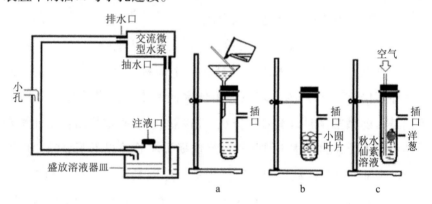

图 3-1-1　循环式抽气式模型

2. 实物验证阶段

根据模型构建进行实物组装，组装过程中要严格按照设计模型时的要求完成。在用实物装置验证可行性的过程中，要特别关注装置的气密性、交流微型水泵的功率、插口与小孔的匹配度等问题。在实物验证的过程中，可能需要对装置进行多次改进和调试，最终才能达到高效解决问题的效果。

模型与建模是生物学学科核心素养落地的重要方式之一，培养学生利用模型与建模思维解决实验教学中存在的实际问题时，教师要善于引导学生收集和处理解决问题的途径、方式和信息。学生只有对建模原理真正理解了、对建模环节真正掌握了，才能在遇到实际问题时，主动尝试着从建模思维的角度，运用所学知识和方法寻求解决问题的策略。

第三节　渗透质疑和反思，培育学生批判性思维能力

批判性思维作为一个技能的概念可追溯到杜威的"反省性思维"，即认为其是"能动、持续和细致地思考任何信念或被假定的知识形式，洞悉支持它的理由以及它所进一步指向的结论"。批判性思维是一种合理性、反思性思维，理性是其精神特质，反思是其固有属性，同时也是其养成的实现路径。在模型与建模教学中，沿着质疑和反思的思维主线，用讨论及批判性的分析去重塑课堂。这种借助可视化建模的能动过程，可以帮助学生实现对知识的扩充、对认知的建构、对体系的概括。渗透质疑和反思的建模式实验教学，蕴含着促使学生超越意义、知识、社会关系及价值的意图，促使学生运用已有的经验和体悟对实验内容进行批判性的讨论和转换，培育其能动审辨的思维作用。

例如，在新教材必修一"细胞不能无限长大实验"的解释模型中，教材是这样陈述的："现有3个大小不同的细胞模型，如图3-1-2所示，计算每个细胞的表面积与体积的比值"。

正方体边长为2 mm
表面积=_____mm²
体积=_____mm³

正方体边长为4 mm
表面积=_____mm²
体积=_____mm³

正方体边长为8 mm
表面积=_____mm²
体积=_____mm³

图 3-1-2　新教材"细胞不能无限长大实验"的解释模型

在"细胞为什么不能无限长大实验"的模型解释过程中,学生根据相关细胞知识,提出了心中的质疑。

第一,基于实验开展应遵循真实、科学的原则,为什么不用细胞直接开展实验?

第二,尽管生物界细胞的形态多种多样,但在学生们的感官认知中,普遍认为"球状或椭球状的细胞才是最常见的",而教材为何却用立方体去构建细胞模型呢?

基于以上两点质疑,学生在教师的指导下,借助已学的数学知识和生活经验,尝试通过模型构建和实物验证来检验质疑的科学性。

1. 模型构建阶段

第一步,根据普遍认同,通常情况下,动物细胞为球体,构建如图 3-1-3 所示的 3 个模型。

第二步,根据球的表面积、体积公式,分别计算出表面积、体积(当 $d=2$ mm 时,表面积与体积之比为 3∶1;当 $d=4$ mm 时,表面积与体积之比为 3∶2;当 $d=8$ mm 时,表面积与体积之比为 3∶4)。

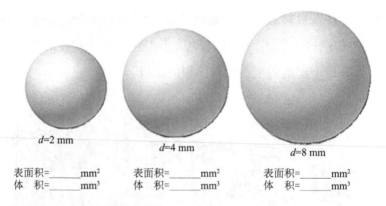

$d=2$ mm　　　　　$d=4$ mm　　　　　$d=8$ mm

表面积=_____ mm²　　表面积=_____ mm²　　表面积=_____ mm²
体　积=_____ mm³　　体　积=_____ mm³　　体　积=_____ mm³

图 3-1-3　重新构建"细胞为什么不能无限长大实验"的解释模型

2. 实物验证阶段

宰杀一只正在下蛋的母鸡,取其体内的卵(如图 3-1-4 所示,将卵假设为一个标准的"球体"模型)进行实验。将不同大小的鸡卵煮熟,待其硬化后,分别测量出各自的直径,然后根据球体表面积和体积的公式，计算出表面积和体积的关系。将鸡卵细胞构建成"球体"模型，更能近距离地让学生通过观察和测量，明白表面积和体积的关系确实是限制细胞不能无限长大的原因之一。

图 3-1-4　大小各异的鸡卵

实验教学过程中，在学生对教学内容产生质疑时，教师一方面要摒弃教材就是金科玉律的观念；另一方面也要放下自己的权威，以科学的态度给予学生合理的建议，把权威转换成一种解放实践，为学生的批判提供条件，如帮助学生分析教材的局限性，了解来自不同知识背景的差异，引导学生去认识、分析、重构，使其逐渐获取唯物主义批判性思维能力。

第四节　凸显实践和探索，培育学生的科学创新能力

创新能力是一个人根据当前的知识和经验，加工、处理并有机迁移或整合，创造出新知识或新技术的能力。生命科学与人类生活、生产实践紧密相连，生命科学上的很多问题，有的可以找出答案，有的没有定论，但这些问题却可以让学生在构建模型时，加深对这些知识的理解，激发学生学习生物学的兴趣。模型构建的过程，也是学生根据自己所获取的知识进行创新的过程。因此，在高中生物学教学中应

该充分利用模拟实验及构建模型的机会来培养学生的创新能力。

例如,在新教材必修一"探究植物细胞的吸水和失水"实验中,实验材料选择的是紫色的洋葱鳞片叶外表皮细胞,外界溶液选择的是质量浓度为 3 g/mL 的蔗糖溶液,教材编排的意图是想借助两者在颜色上存在的明显差异,让学生能清晰地观察到质壁分离现象,理解渗透失水的原理。基于教材提供的实验材料和外界溶液,教师在指导学生实验时,能否从不同角度、不同维度去引导学生创新实验呢?第一,如果实验材料没有大而呈紫色的液泡,能否完成实验?第二,如果外界溶液是有色溶液,能否完成实验?基于以上两个问题,学生在教师的指导下,先根据预期的实验结果,构建了两种"质壁分离实验"模型,然后依据构建的模型内容进行了实验论证。

1. 模型构建阶段

第一种"无色-有色-无色"模型,即外界溶液无色-原生质层有色-细胞液无色,如图 3-1-5 左所示。第二种"有色-无色"模型,即外界溶液有色-原生质层和细胞液无色,如图 3-1-6 左所示。

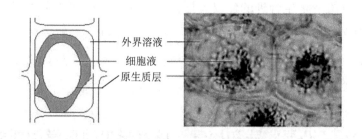

图 3-1-5 "无色-有色-无色"模型和验证性实验图

2. 实物验证阶段

验证"无色-有色-无色"模型可行的实验材料有黑藻,其原生质层有绿色的叶绿体作参照对比,如图 3-1-5 右所示。验证"有色-无色"模型可行的实验材料有洋葱鳞片叶内表皮细胞,外界溶液选择的是渗入红墨水的质量分数为 3% 的蔗糖溶液,如图 3-1-6 右所示。

实践是检验真理的唯一标准,只注重理论学习、纸墨训练,呈现的知识毕竟是肤浅的。借助实践的呈现，才能使理论知识得以验证、巩固和创新。渗透实践和探索的建模式实验教学，其主旨就是要让学习的主体（学生）在实践中不断更新观念、更新操作，从朴实的实验环节中构建出更高级的模型，服务于实验教学。科学的创新是一门艺术，这门艺术能连通外界与内心，让学生与美对话、与灵魂交流。基于模型与建模的实验教学在实践和探索的进程中，总会让人在体验中颠覆认知、获取新知、提炼经验、实现创新。

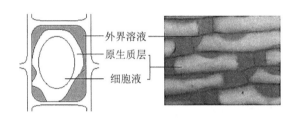

图 3-1-6 "有色-无色"模型和验证性实验图

第二章 生物模型构建跨学科思维培育的实践

【概述】数学模型是联系数学知识与实际问题的桥梁，是数学知识在各个领域广泛应用的媒介，是数学科学技术转化的主要途径。教学过程中，通过数学模型构建的方式辅助解决生物学问题，能促进学生综合运用能力和综合分析能力的提高；同时，数学模型构建的方式也能使相关复杂的生物学问题变得简单直观和一目了然。新课标在"教学建议"中强调，教师应培养学生通过文字描述、数学表格、示意图、曲线图等方式完成报告，组织交流探究的过程和结果，并进行适当的评价。该段文字折射出来的"数学模型"思想，确立了数学建模思维在"新课改"育人领域的地位。

第一节 深入浅出简单直观，思维创造能力培养

图像模型就是将数与各种图形有机联合，实现彼此之间数量关系的整合。图像模型构建能直观形象、脉络分明地呈现抽象概念的内涵与外延、众多概念彼此间的联系和区别，一方面有利于创造性思维的培育、探究性教学的实施；另一方面也有助于归纳与概括能力的培养、科学性解题思维的训练。教师在开展和实施生物学教学时，如能经常考虑数图结合，则常会使教学方式别开生面，教学内容直观易懂。

【教学案例1】"密码子、反密码子、氨基酸"三者关系的教学

生物教学中,最困难的就是多个知识点间的相互联系与区别。多个知识点间错综复杂的联系,常让学生找不到学习或解题的头绪。此时,如果通过数图结合的图像模型,就会脉络分明地展现它们彼此间的相互关系。例如,教师在开展和实施"密码子、反密码子、氨基酸"三者关系的教学时,若能构建如图 3-2-1 所示的图像模型,则其教学效果肯定会事半功倍。

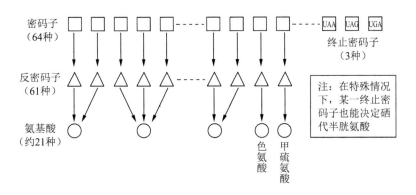

图 3-2-1　"密码子、反密码子、氨基酸"三者关系图像模型

"密码子、反密码子、氨基酸"三者关系的图像模型概述:正方形代表密码子,有 64 种;三角形代表反密码子,有 61 种;圆形代表氨基酸,约 21 种。从图像模型中可以直观得出:第一,一种密码子只能与一种反密码子配对,但有三种密码子(UAA、UAG、UGA)是终止密码子,没有与之配对的反密码子;第二,一种反密码子只能决定一种氨基酸,一种氨基酸却可以由好几种反密码子或密码子决定;第三,有两种氨基酸(甲硫氨酸和色氨酸)只能由一种反密码子或密码子决定。

通过图像模型构建实施教学的优点主要体现在:第一,其具备简单直观、深入浅出的特点,即构建合理的图像模型。一方面能使复杂的问题简单化,另一方面能使抽象的问题直观化。生物学教学过程中,构建有序的图像模型可展现多个知识层级,依托彼此延伸关系的

概念去分类识别。这种呈现方式避免了苍白语言的空洞性描述，使一些关键概念的内涵得以重点呈现。第二，其具备思维创造、能力培养的特点，即构建图像模型是一种思维创造，能通过形象、直观的数学元素，来提高学生对生物知识的加深与巩固，帮助学生培养和提高分析问题、解决问题和处理问题的能力。

第二节　概念铺展树立观念，辨识比对去伪存真

函数模型构建指对某个具体问题通过"建模"，转化成函数或方程式，进而解决问题的一种方法。运用到生物学中，就是对于具体的生物问题，通过运用生物学原理和数学方法将问题中所展示的概念性生物关系转化为相应的函数，然后利用数学知识和生物规则逐层铺展，以便寻求认知上的突破。

【教学案例2】"核苷酸种类、脱氧核糖核苷酸和核糖核苷酸成分上异同点"的教学

新教材在安排"核苷酸种类、脱氧核糖核苷酸和核糖核苷酸成分上异同点"的教学内容时，建立了如下的概念模型，如图3-2-2所示。该概念模型虽然能很清晰地解决DNA与RNA在化学组成成分上的异同，但此概念模型未能涵盖本节教学内容的其他两个知识概念：第一，核苷酸的种类；第二，脱氧核糖核苷酸和核糖核苷酸成分上的异同点。

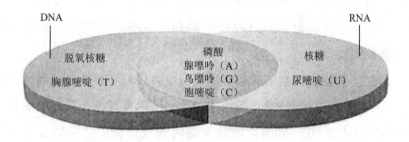

图 3-2-2　DNA 与 RNA 在化学组成成分上的异同

如何通过模型的再构建，将众多概念直观、形象地整体展现呢？教师可以引入函数思想，通过构建函数模型，来开展此部分内容的教学。其教学过程如下。

首先，依据核苷酸分子组成，构建函数模型。把每个核苷酸分子看成是关于五碳糖和碱基这两个变量的二元一次函数，记作 $f(x, y) = x + y + P$，其中 $x \in \{核糖，脱氧核糖\}$，$y \in \{A, G, C, T, U\}$，P（磷酸）可看作是常数，同时当 $x =$ 核糖时，$y \neq T$，当 $x =$ 脱氧核糖时，$y \neq U$。

其次，构建函数模型。根据已设定的元素种类，画出函数模型如图 3-2-3 所示。

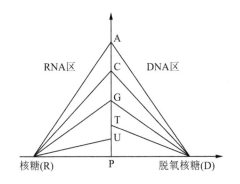

图 3-2-3 "核苷酸种类、脱氧核糖核苷酸、核糖核苷酸成分的异同点"函数模型

最后，观察模型，得出相关结论。

（1）核苷酸的种类：函数模型中，每个直角三角形分别代表一种核苷酸，第一象限为 DNA 区，含有 4 种脱氧核糖核苷酸，即 APD、CPD、GPD 和 TPD；第二象限为 RNA 区，含有 4 种核糖核苷酸，即 APR、CPR、GPR 和 UPR，故核苷酸的种类有 8 种。

（2）脱氧核糖核苷酸和核糖核苷酸在成分上的异同点：根据 X 轴的正负方向，得出五碳糖的不同，即脱氧核糖核苷酸的五碳糖是脱氧核糖，核糖核苷酸的五碳糖是核糖；根据 Y 轴正方向区域不同，得出脱氧核糖核苷酸和核糖核苷酸共同的碱基是 A、C、G，脱氧核糖核苷酸特有的碱基是 T，核糖核苷酸特有的碱基是 U。

通过函数模型构建实施教学的优点主要体现在：第一，其具备概念铺展、树立观念的特点，即函数模型能够依据重要概念的元素构成，直观而清晰地呈现各构成元素之间的异同点。从而帮助学生形成正确的生物学重要概念，支撑众多概念的脉络化形成，帮助学生建立正确、科学的生物学观念。第二，其具备辨识比对、去伪存真的特点，即学生通过对两个或多个概念的观察、比较和辨析，能迅速地找出彼此间的联系和区别。这一方面帮助学生消除了错误概念，建立了科学概念；另一方面也培养了学生归纳与概括、分析与辨别的思维能力。

第三节　融会贯通推理探究，他山之石可以攻玉

多边形是指由 3 条或 3 条以上的线段连接成的平面图形。在生物学教学中，构建多边形模型可以直观地解决多倍体生物复杂的减数分裂、受精作用、基因型及比例等生物学问题。这一方面提供了一种避免大量假设与讨论的解决问题的模式，另一方面也实现了将多维、复杂的问题在推理上的可视化。

【教学案例3】"多倍体减数分裂产生配子的基因型及比例"的教学

新教材高中生物必修 2 中，在介绍低温和一定浓度的秋水仙素处理萌发的种子或幼苗能够引起细胞内染色体数目加倍的应用时，用常规教学方法来分析二倍体生物产生配子的基因型及比例，学生是可以理解的。但如果将二倍体生物拓展为多倍体生物时，常规方法就显得非常杂乱和烦琐。如何解决"多倍体减数分裂产生配子的基因型及比例"的教学难题，可以通过构建多边形模型进行诠释。

其教学过程如下。

首先，展现特殊案例，思考问题，即先呈现"基因型为 Aa 的番茄幼苗，经适宜浓度的秋水仙素处理后形成四倍体"的案例，再引导学生思考，其在减数分裂时，形成配子的基因型及比例为多少？

其次，根据已有知识体系，进行推理，即基因型为 Aa 的番茄二倍体，经适宜浓度的秋水仙素处理后，变成四倍体 AAaa，这四个基因位于 4 条同源染色体上，在减数分裂形成配子的过程中，两两随机分向一极。（注：此阶段若按照常规教学法，应分三种情况进行讨论、分析、综合，最后筛选出结果。常规教学方法虽能解决问题，但过程烦琐、逻辑推理要求高，思维过程不直观）。

最后，尝试构建四边形模型，解决问题，即以基因型 AAaa 中的 4 个字母 A、A、a、a 为长方形的 4 个顶点。减数分裂的实质是同源染色体的分离，这样就可以直观地表现为字母的两两结合，就顺利且直观地在四边形模型上完成了 3 组连线（2 条长边 1 组，2 条短边 1 组，2 条对角线 1 组），展示四倍体减数分裂产生配子的基因型及比例的教学，如图 3-2-4 所示。

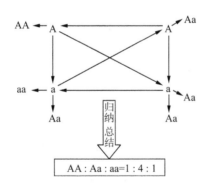

图 3-2-4 "四倍体减数分裂产生配子的基因型及比例"的四边形模型

如果是类似于基因型为 AAa 的三倍体，在构建四边形模型时，另一顶点可以用 0 替代。

通过多边形模型构建实施教学的优点主要体现在：第一，其具备融会贯通、推理探究的特点，即能够运用学生掌握的多边形相关知识、证据和逻辑，对生物学议题进行构建、思考并展开论证，培养学生创新学习和创新思维的能力；第二，其具备"他山之石、可以攻玉"的特点，即依托多边形的几何知识（如案例3中四边形的2条长边、2条短边、2条对角线）为载体，引导学生将抽象、复杂的生物学行为问题，转化为形象、可演示的模型行为，体现了新教材的学科间联系的思想，培养了学生进阶认知的品质。

第四节　交集有序寻觅共性，团结合作共同发展

集合模型构建是一种在生物教学中，利用集合的属性、类型（子集、交集、补集等）及相关运算定律，直观呈现生物学关联概念之间的共性和异性，方便学生顺畅地解决物质性质区分、细胞器分工、生物进化、遗传学概率计算等生物学问题的一种学习模式。通常情况下，集合模型一般由正方形和圆组成，如图3-2-5所示。

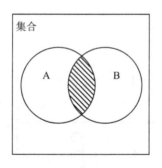

图3-2-5　通用集合模型简图

正方形代表的是具有同一相对广泛属性的所有事物的集合；A、B等圆代表在集合范围内，蕴藏着自我独特属性的同一类事物的集合；若不同的圆彼此间交叉（图中阴影部分），说明不同的群体间除了具有彰显独特个性的属性外，还具有相似的内在属性特征。

【教学案例4】"组成生物体元素"的教学

教师在实施"组成生物体元素"内容的教学时,可以通过构建"组成生物体元素"的集合模型,如图3-2-6所示,呈现各元素之间的归类及从属关系。

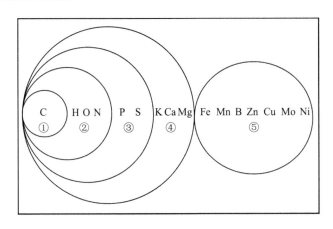

图3-2-6　组成生物体元素的集合模型图

从图3-2-6中可知:圆①中的C是最基本元素,圆②中的C、H、O、N是基本元素,圆③中的C、H、O、N、P、S是主要元素,圆④中的C、H、O、N、P、S、K、Ca、Mg是大量元素,圆⑤中的Fe、Mn、B、Zn、Cu、Mo、Ni是微量元素。通过集合模型的构建,一目了然地厘清了各元素之间的层级分类和属性分界。

【教学案例5】"生物进化学说"的教学

教师在讲授"达尔文自然选择学说与现代生物进化理论"时,可以依据两者之间的异同点,构建"达尔文自然选择学说与现代生物进化理论"的集合模型,如图3-2-7所示。

图3-2-7集合模型视觉化地展现了达尔文自然选择学说的主要内容及局限性、现代生物进化理论的主要内容及进步性、两种进化学说的发展渊源及区别联系。

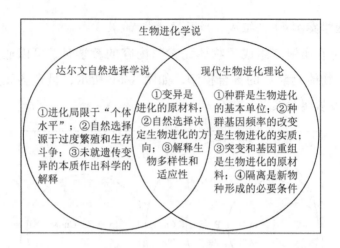

图 3-2-7 "达尔文自然选择学说与现代生物进化理论"的集合模型

【教学案例6】"遗传病概率计算"的教学

在人类的遗传病中,若只考虑 A 病的情况,患 A 病的概率为 a,只考虑 B 病的情况,患 B 病的概率为 b,两个事件互相独立,则不患 A 病和不患 B 病的概率分别是集合 a 和集合 b 的补集,分别用 ($1-a$)、($1-b$) 表示,如图 3-2-8 甲所示。同时患两病的概率可看成集合 a、集合 b 的交集,如图 3-2-8 乙所示。只患 A 病的概率为集合 a 中集合 ab 的补集,数值=$a-ab$(集合 ab 是集合 a 的子集)。

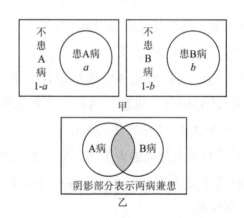

图 3-2-8 "遗传病概率计算"集合模型

通过集合模型构建实施教学的优点主要体现在:第一,其具备层次分明、直观透视的特点，即利用集合模型区域分明的框、圆、线等组合形式，配合整合性的推理过程，将学生数学课上的集合知识转换成生物科学模型，进而产生有意义的学习。第二，其具备由点及面、聚散为合的特点，即通过对两个或多个知识点之间的整合，让学生观察和比较，激发学生的整合能力，弄清彼此间的联系和区别。这一方面能帮助学生深层次地阐述生物学关联知识的本质与内涵，另一方面也能帮助学生杜绝囫囵吞枣式的僵化式学习和记忆。

第五节　情境体验探寻发现，具身认知觅求真知

几何模型构建特指在生物教学中，通过构建相应的几何图形，并且根据其蕴含的相关知识（如定理、公理等），探寻和发现其与生物学问题之间的共性，达到直接解决问题的一种模式。

【教学案例7】"细胞为什么不能无限长大"的教学

新教材必修1在介绍细胞不能无限长大时，设计了一个"运用模型作解释"的思维训练，此训练中将细胞的形状设计成了一个正方体模型，该细胞模型的构建让学生们很难用肉眼从生活中找到其影子，一定程度上脱离了学生们的真实生活和认知范畴。笔者在施教此部分内容时，首先，创设了一个真实的生活情境，即现场给学生展示了一个熟鸡蛋，取出蛋黄并交代清楚未受精的蛋黄实际上是一个卵细胞。引导学生通过观察卵细胞，将细胞的形状构建成一个球体模型。其次，将生物学问题演变成数学问题，即卵细胞是通过什么结构从外界汲取营养物质的？汲取营养物质后，卵细胞的生长又是以何种形式呈现的？引导学生达成共识：卵细胞通过细胞膜从外界汲取营养，促进细胞体积的增长。顺势引入"表面积和体积的商"代表的含义为：单位时间内，卵细胞单位体积所摄入的营养物质的量，即卵细胞的生长速率。"表面积和体积的商"越大，卵细胞的生长速率就越大，反之则越小。通过以上的铺垫，此时就可以根据球体表面积、

体积的数学公式，推导出细胞表面积和体积的关系：

$$细胞的生长速率 = \frac{S}{V} = \frac{4\pi R^2}{4/3\pi R^3} = \frac{3}{R}$$

再次，观察关系式，发现矛盾：随着卵细胞的生长，细胞的半径 R 随之增大，将其代入关系式就发现，此时细胞生长速率（$S/V=3/R$）却趋向于 0，即单位时间内，卵细胞单位体积摄入的营养物质量为零时，细胞就可以无限制地长大。很显然，这个观点是错误的。最后，依据以上推理，得出结论：细胞的表面积与体积的关系，是限制细胞不可能无限制长大的一种原因。

通过几何模型构建实施教学的优点主要体现在：第一，其具备情境体验、探寻发现的特点，即通过真实情境的体验，帮助和引导学生构建熟悉的几何模型（如案例7中的球体），利用学生们已储备的相关知识（如案例7中的球体表面积和体积公式），尝试着去分析和解决生物学问题，这一方式有助于培养学生创新学习和创新思维的能力；第二，其具备具身认知、觅求真知的特点，即依托真实存在的生物为载体（如案例7中的蛋黄），培养学生善于从实践的层面探讨或尝试解决现实生活问题的能力，帮助学生树立生命观念，培养其勇于探索生命规律的品质。

第六节　跨学科建模思维涵育的反思

"模型与建模"作为新版高中生物学课程标准中需要践行的教学方略，其对于生命规律理解的落实、现实生活应用的落生与学科核心素养的落地均大有裨益。就上文聚焦生物学教学的"数学模型构建"而言，其具备了如下几个方面的意义。

首先，异质性的数学模型构建为学生习得生物学知识或概念提供了多元化的知识表征。正如上文所述，函数、集合、多边形与几何等不同的模型均可以用于展示、表述不同的生物学知识，而异质性模型构建正是寻求了某一生物学知识适切性的教学方案，让学生在简约化与客观化的数学表征中获得对生物学知识的进一步理解。其次，数学模型的构建让学生越过了"表象迷乱"的生物学概念丛林，使其进一步提炼出概念背后的生命科学规律，并延展了科学思维。上文教学研究中的案例均将生物学术语表达的知识概念，予以理性剖析后用数学模型构建来直观展示，这样既可以帮助学生凝练知识背后的科学规律等，又帮助其进一步训练了数理逻辑递推与现象归纳分析的科学思维。再次，数学模型构建使得数学与生物学的课程内容实现有机统整，有利于学生跨学科能力的提升，以方便进一步解决现实的生产生活问题。以上案例通过数学符号、图示以及思维等多方面在生物学学科中的整合应用，体现了新课标强调的加强学科间联系和渗透的要求。一方面，数学模型构建的教学方式可以促进学生用数字表格、示意图、曲线图等完成报告；另一方面，该方式也为科学、技术、工程学和数学（STEM）的综合运用奠基，方便学生解决生活中的实际问题。

　　数学模型构建有其独特的优势所在，但在实施"数学模型构建"的生物学教学时，有诸多方面仍值得注意。第一，教师自身应当具备良好的跨数学学科素养。这要求教师不仅应当主动思考能否用跨数学学科整合的方式，进行生物学知识提炼或展示，而且应当在此过程中不断自主学习、反思梳理，从而提升自我数学素养以及将之运用到生物学教学的能力。第二，教师要依据不同生物学知识适切性地选择数学模型进行构建。生物学概念体系庞杂、零散具象，不同的生物学知识及其本质规律在表述、探究与应用等多个层面均存在较大差异。我们应当在实践中反思，在反思中实践，不断探求某一生物学知识最适切的数学模型构建方案，以便于学生依据不同的数学表征予以理解记忆。第三，数学模型的构建要基于学生的"最近发展区"进行教学活动。多从学生的认知角度出发，多从学生的思维角度出发，多从学生储备的数学知识出发，开发和探究出易于让学生接受的数学模型。教师在教学中只有充分调动了学生的思维，并根据不同生物学问题的特点，引导学生进行有意义的数学模型构建，才能使数学模型内化于学生的大脑，成为他们分析和解决问题时心智操作的工具。

（本文原名《聚焦"数学模型构建"的生物学教学研究》，发表于《天津师范大学学报》2020年第3季期）

参考文献

[1] 左开俊. 应用于高中生物教学的模型构建探索[M]. 北京：北京教育出版社，2018.

[2] 左开俊. 建模式教学（中学生物）[M]. 北京：北京教育出版社，2022.

[3] 左开俊. 立足生物学模型构建的活动教学法研究：以"血糖平衡的调节"为例[J]. 教师教育论坛，2022，35（4）：55-57.

[4] 左开俊. 立足生物学模型构建的论证式教学研究[J]. 天津师范大学学报（基础教育版），2022，23（2）：55-58.

[5] 左开俊. 基于生物学模型构建的变式教学研究[J]. 课程教学研究，2022（2）：43-46.

[6] 黄伟文，左开俊. 立足模型构建的主线式教学研究[J]. 中学生物教学，2021（34）：23-25.

[7] 左开俊. 基于模型构建的探究式教学研究：以"细胞大小与物质运输关系"实验教学为例[J]. 教育与装备研究，2021，37（10）：35-37.

[8] 左开俊. 基于模型构建的情境式教学：以"种群的特征"一课为例[J]. 生物学教学，2021，46（10）：12-15.

[9] 左开俊. 基于模型构建的支架式教学研究：以"生态系统的物质循环"为例[J]. 生物学通报，2021，56（8）：30-32.

[10] 左开俊. 基于学科核心素养培育的建模式教学实践路径[J]. 中学生物教学，2021（7）：34-37.

[11] 左开俊. 聚焦"数学模型建构"的生物学教学研究[J].

天津师范大学学报（基础教育版），2020，21（3）：87-91.

[12] 左开俊. 以跨学科知识渗透深化生物学教学育人价值[J]. 天津师范大学学报（基础教育版），2021，22（1）：88-92.

[13] 中华人民共和国教育部. 普通高中生物学课程标准（2017年版）[S]. 北京：人民教育出版社，2018：57-65.

[14] 钟建坪. 引导式建模探究教学架构初探[J]. 科学教育月刊，2010（328）：2-18.

[15] 朱正威，赵占良. 普通高中教科书生物学必修2 遗传与进化[M]. 北京：人民教育出版社，2019.

[16] 李吉林. 情境教学的理论与实践[J]. 人民教育，1991（5）：27-33.

[17] 赵萍萍，刘恩山. 新课程标准理念下的高中生物学建模教学策略[J]. 生物学通报，2019，54（2）：10-14.

[18] 武丽莎，朱立明. 新课标背景下数学核心素养的理论意蕴与实践要求[J]. 天津师范大学学报（基础教育版），2018，19（2）：32-36.

[19] 于文字，胡典顺. TPACK视角下数学核心素养的模型构建和实现路径探究[J]. 天津师范大学学报（基础教育版），2019，20（2）：11-16.

[20] 左开俊. 例谈生物解题中的数学思想[J]. 中学生物学，2007（2）：43.

[21] 朱正威，赵占良. 普通高中教科书生物学必修1 分子与细胞[M]. 北京：人民教育出版社，2019.

[22] 刘义民. 国外核心素养研究及启示[J]. 天津师范大学学报（基础教育版），2016（2）：71-76.

[23] 朱正威，赵占良. 普通高中教科书生物必修2 遗传与进化教师教学用书[M]. 北京：人民教育出版社，2007.

[24] 罗建义. 浅谈高中生物实验教学的误区[J]. 中学生物学，

2016, 32 (10): 53-54.

［25］赵萍萍，刘恩山. 中学生物学中的类比模型及其构建［J］. 中学生物教学，2015（11）：4-7.

［26］谭永平. 高中生物学新课程中的模型、模型方法及模型建构［J］. 生物学教学，2009（1）：10-12.

后记 Postscript

教育心语

　　回归教育本质，端正教育价值观与质量观。教育的本真在于"使人成为人"。号召教育工作者办学，自觉"立德树人"，培养具有"责任心"和"个性化"的富有创新精神和实践能力的建设者和接班人，是中国梦腾飞的强大动力。这种教育需要自我反思，需要人与人之间情感的理解以及主体与客体经验的融合。用雅斯贝尔斯的话说，这是一种"陶冶"。在个体修养过程中，知识的占有成为获得精神内容的代名词。一方面，从职业教育的精神修养价值观审视，教育教学活动是实现精神目标的唯一途径，其能让教师在帮助学生完成精神塑造的同时，在学生的心中播种智慧的种子，并贯穿于学生一生的成长。另一方面，学校必须为每个人的智力和精神发展创造一个良好的氛围和环境。

　　我是教生物学的，生物学核心素养的第一个关键词就是生命观念。回望一路的教书生涯、教学经历，其"活泼泼地"追求逐渐让我意识到：教育应该是一种守望，更是一个生命对另一个生命的美好期盼。学科教育应该是一种素养，其价值应该是教会学生认识并懂得自己、他人和这个世界，继而形成人生的教养，追寻更美好的生活。教学应该是一种修炼，在教与学中师生相互倾听、对话，共同学习与反思，实现教学相长。

　　在教育教学的思索中，我的教学主张就是尊重生命的自我成长。对于这个主张，其实我在2017—2021年间，写了四篇刊首语发表于《中学生物教学》，分别对生物学科核心素养的四个维度进行了个人解读，它们分别为生物学教学的生命姿态、生物学教学的思维品质、生物学教学的探究素养与生物学教学的社会责任。我主张生物教学应结合本专业特有的教学内容，将学生塑造成具有强大心理承受能力与适应能力的个体，使其获得自身全面发展的能力；呈现的是因材施教、尊重学生的个体性差异、针对特殊学生的特别需求给予个性化的辅导。生物世界的每一个生命都是独特的，每个生命的需求都是多样的，每个生命的发展形态都是多姿的。倘若每个孩子就是那生命的种子，未来他们有可能成为一棵棵大树，也有可能仅成为一棵棵小草，但无论是参天大树，还是无名小草，他们都应获得生命的尊重。社会责任的使命就是给每个生命带去适宜的光照、雨露和沃土，让每一个生命都得以在爱和自由的空间中绽放。

左开俊
2023 年暮夏于吴江松陵